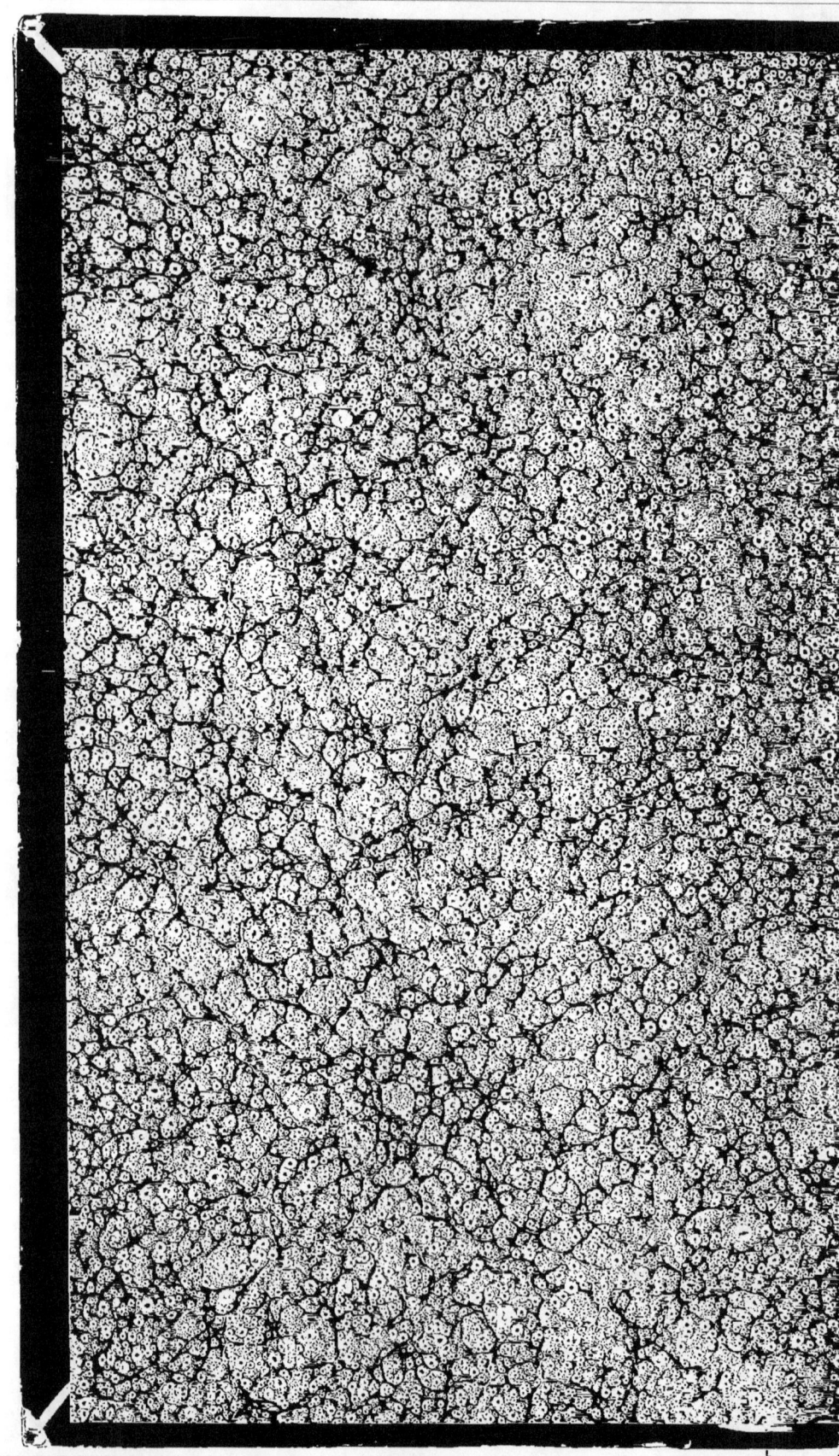

OEUVRES

DE

# LOUIS-NAPOLÉON

BONAPARTE

Paris. — Imp. Lacrampe et Comp., rue Damiette, 2.

# OEUVRES

DE

# LOUIS-NAPOLÉON BONAPARTE

Publiées

Par M. Charles-Édouard TEMBLAIRE.

---

TOME DEUXIÈME.

---

PARIS

**LIBRAIRIE NAPOLÉONIENNE,**
Rue Neuve-des-Petits-Champs, 36.

—

1848

# FRAGMENTS HISTORIQUES

1688 et 1830.

# PRÉFACE.

En livrant à la publicité cet extrait de mes études historiques, j'obéis au désir de repousser d'injustes attaques par le simple exposé de mes convictions et de mes pensées.

Je n'ignore pas que le silence convient au malheur; il est inutile au vaincu de refaire à la fortune le procès qu'il a subi de la part des hommes; cependant, lorsque les vainqueurs ont abusé de leur victoire au point de s'en venger comme d'une défaite, appelant à leur aide la calomnie et le mensonge, ces armes de la faiblesse et de la peur, la résistance devient un devoir, et se taire serait lâcheté.

Loin de moi l'idée de recommencer une polémique où les passions luttent toujours avec plus de succès que la raison ; il me suffit, pour venger mon honneur, de prouver que si je me suis embarqué audacieusement sur une mer orageuse, ce n'est pas sans avoir d'avance médité profondément sur les causes et les effets des révolutions, sur les écueils de la réussite comme sur les gouffres du naufrage.

Pendant qu'à Paris on déifie les restes mortels de l'Empereur, moi, son neveu, je suis enterré vivant dans une étroite enceinte ; mais je me ris de l'inconséquence des hommes, et je remercie le ciel de m'avoir donné comme refuge, après tant d'épreuves cruelles, une prison sur le sol français. Soutenu par une foi ardente et une conscience pure, je m'enveloppe dans mon malheur avec résignation, et je me console du présent en voyant l'avenir de mes ennemis écrit en caractères ineffaçables dans l'histoire de tous les peuples.

Citadelle de Ham, le 10 mai 1841.

NAPOLÉON-LOUIS BONAPARTE.

# FRAGMENTS HISTORIQUES

## CHAPITRE PREMIER.

### EXPOSÉ.

L'Angleterre, en 1649, a été ébranlée par une grande révolution; la tête d'un roi a roulé sur l'échafaud, la république fut proclamée, elle dura onze ans (1).

En 1660, le fils du roi décapité fut ramené en triomphe dans Londres.

Charles II régna un quart de siècle; mais il laissa (1685) à son frère un pouvoir chancelant,

---

(1) La République fut proclamée en 1649 : le protectorat fut établi en 1653; Cromwel mourut en 1658. Deux ans après sa mort eut lieu la restauration.

que Jacques II ne put conserver que trois années.

Enfin, en 1688, une nouvelle révolution vint s'établir comme médiatrice entre tous les partis qui, depuis quarante-huit ans, divisaient l'Angleterre.

En France aussi nous avons eu une révolution qui a renversé l'ancien régime ; un échafaud, une république, un empire, une restauration et une nouvelle révolution ; mais l'année 1830, à l'instar de l'année 1688, sera-t-elle envisagée, par les générations futures, comme le commencement d'une nouvelle ère de gloire et de liberté ? Telle est la question qui nous intéresse tous.

Il nous serait facile de rejeter de prime-abord la comparaison des événements qui eurent lieu dans les deux pays, et de montrer qu'il n'y a que les squelettes de ces deux histoires qui se ressemblent. Il nous serait facile de prouver qu'à l'origine des deux premières révolutions la société anglaise était bien différente de la société française. Il nous serait facile de prouver que l'Empire, monument impérissable de gloire civile et militaire, ne ressemble en rien au pouvoir sanglant et fanatique de Cromwell, et qu'enfin la restauration des Bourbons diffère, sous beaucoup de rapports, de la restauration des Stuart. Mais, à l'exemple de tant d'écrivains recommandables, nous passerons sur toutes ces dissemblances, et nous admettrons un moment la similitude des deux dernières époques, afin de juger si les causes qui ont consolidé la révolution de 1688 consolideront aussi la révolution de 1830.

La vie des peuples se compose de drames complets et d'actes isolés. Lorsqu'on embrasse dans leur ensemble les événements du drame, on découvre la raison de tous les faits, le lien de toutes les idées, la cause de tous les changements ; mais si l'on ne considère que les actes partiels, ces grandes convulsions sociales n'apparaissent plus que comme l'effet du hasard et de l'inconséquence humaine.

En rapprochant les périodes détachées de l'histoire de la Grande-Bretagne, sans envisager leur rapport philosophique, on voit le peuple anglais adorer le pouvoir absolu d'Élisabeth, et renverser le pouvoir moins arbitraire de Charles I<sup>er</sup>. On le voit se révolter contre ce prince pour la levée illégale de quelques impôts, et se laisser ensuite taxer et gouverner, sans contrôle et sans droit (1), par le Long-Parlement de Cromwell. On le voit enfin, de son libre arbitre, venir abjurer la révolution

---

(1) Nous disons *sans droit*, parce que ni le Long-Parlement, ni Cromwell ne firent légitimer leur pouvoir par une élection libre.

aux pieds de Charles II, pour plus tard maudire son règne et renverser son frère.

Que de contradictions cet aperçu superficiel des faits ne semble-t-il pas contenir ! Et cependant, si nous embrassons d'un coup d'œil tout le drame historique qui commença au seizième siècle, et dont le dénoûment n'eut lieu qu'à la fin du dix-septième, nous verrons que la nation anglaise a toujours voulu la même chose, et qu'elle ne s'est reposée qu'après avoir atteint le terme de ses désirs, le but de ses volontés.

Depuis le seizième siècle, les Anglais cherchaient à obtenir :

Premièrement, et avant tout, l'affermissement de leur réforme religieuse, qui représentait chez eux tous les intérêts nationaux.

Secondement, la prépondérance de leur marine, et par conséquent l'accroissement de leur influence sur le continent.

Troisièmement, l'entier usage de leurs libertés.

Élisabeth assura le triomphe de la cause du protestantisme, elle augmenta la gloire nationale. Sa mémoire fut bénie.

La république et Cromwell cachèrent, à l'abri de la dignité nationale, leurs vues despotiques et exclusives. Ils passèrent.

Les Stuarts froissèrent également les trois

grandes volontés de la majorité anglaise. Ils tombèrent.

Guillaume III seul assura à la fois la religion, la gloire et les libertés de son pays. Il consolida son ouvrage.

Ainsi donc, ce n'est pas le hasard qui règle les destinées des nations, ce n'est pas un accident imprévu qui renverse ou qui maintient les trônes ; il y a une cause générale qui règle les événements et les fait dépendre logiquement les uns des autres.

Un gouvernement peut souvent violer impunément la légalité, et même la liberté; mais, s'il ne se met pas franchement à la tête des grands intérêts de la civilisation, il n'a qu'une durée éphémère, et cette simple raison philosophique, qui est la cause de sa mort, est appelée *fatalité*, lorsqu'on ne veut pas s'en rendre compte.

Attribuer à des événements secondaires la chute des empires, c'est prendre pour la cause du péril ce qui n'a servi qu'à le déclarer.

Il a fallu à l'Angleterre près d'un siècle de lutte de la société contre les mauvaises passions du pouvoir, et du pouvoir contre les mauvaises passions de la société, pour bâtir cet immense *édifice anglais* que nous avons haï, que nous avons cherché à renverser, mais qu'il nous est impossible de ne pas admirer.

La cause nationale eut ces obstacles opposés à surmonter, parce qu'elle se divisa dès qu'elle ne fut plus conduite par cet esprit élevé qui animait Élisabeth, et elle fut tantôt trahie par la tyrannie, qui est l'erreur du vice, tantôt égarée par le fanatisme, qui est l'erreur de la vertu.

C'est que, dans tous les pays, les besoins et les griefs du peuple se formulent en idées, en principes, et forment les partis.

Ces associations d'individus qui naissent d'un mouvement commun, mais d'esprits différents, ont chacune leurs défauts et leurs passions, comme elles ont aussi chacune leur vérité. Pressées d'agir par la fermentation sociale, elles se heurtent, se détruisent réciproquement, jusqu'à ce que la vérité nationale, se formant de toutes ces vérités partielles, se soit élevée, d'un commun accord, au-dessus des passions politiques.

Pour consolider cette cause, il faut au pouvoir un représentant qui n'ait d'autres intérêts que les siens.

Pour l'Angleterre, sans aucun doute, avec ses antécédents et son organisation, la révolution de 1688 a été, à la fin du dix-septième siècle, l'expression sincère de cette vérité nationale, et Guillaume III son véritable représentant. La preuve, c'est que cette révolution a donné, jusqu'à nos jours, à l'Angleterre, cent cinquante-trois années de prospérité, de grandeur et de liberté.

La révolution de Juillet donnera-t-elle à la France les mêmes avantages? A l'avenir à résoudre cette question. Quant à nous, sans vouloir percer les secrets de la Providence, contentons-nous d'examiner les causes et les effets de ces grands drames politiques, et de chercher dans l'histoire du passé quelques consolations à nos maux, quelque espoir pour notre patrie.

## CHAPITRE II.

### RÉVOLUTION DE 1688.

**Jacques II. — Guillaume III.**

Comme tous les pays qui ont été labourés par plusieurs révolutions successives, l'Angleterre, sous Jacques II, était livrée au doute et à l'abattement ; tous les caractères semblaient usés, tous les principes confondus. Comment pouvait-il en être autrement, quand, en moins de cinquante ans, on avait changé tant de fois de systèmes, sans remédier aux maux de la société ?

En 1640, le parlement avait admis en principe que la nation peut défendre ses droits contre les entreprises du roi ; en 1649, il avait reconnu que dans la nation seule réside le pouvoir souverain ;

en 1661 il avait décidé que le pouvoir est entièrement et exclusivement dans les mains du roi.

La première déclaration avait amené une révolution, la seconde une usurpation, la troisième une tyrannie.

L'esprit public flottait incertain entre tous ces souvenirs, qui lui rappelaient combien l'élan avait dépassé le but.

Fatiguée des guerres civiles, désabusée, et du mysticisme des partis, et de l'excellence du pouvoir royal, l'Angleterre n'avait conservé de ses luttes qu'une haine et qu'un amour : la haine du papisme (1) et l'amour de sa puissance.

(1) En traçant les principaux faits des révolutions d'Angleterre, on éprouve au premier abord une répugnance naturelle, quand on est né catholique, à traiter avec mépris les hommes qui soutinrent cette religion dans la Grande-Bretagne ; mais, en examinant les choses de plus près, on voit qu'il est juste d'en vouloir à ces hommes qui, par un zèle aveugle et par une conduite inconsidérée, compromirent et dépopularisèrent, en Angleterre, la véritable doctrine du Christ, en en faisant une question de parti et une arme de leurs passions. Leur conduite doit être flétrie ; car jamais la religion catholique ne s'était trouvée dans une situation aussi favorable qu'en Angleterre, pour dominer par la pureté de ses principes et l'influence de sa morale. Persécutée par le pouvoir royal, elle devait suivre l'exemple de l'aristocratie, et se venger de son oppression, en se mettant à la tête des libertés nationales. Sa position était admirable pour agir ainsi ; car elle était indépendante du pouvoir temporel, ne reconnaissant pour chef que le chef de l'Église univer-

En qui pouvait-elle mettre sa confiance, quand, dans l'espace ordinaire d'une vie d'homme, elle avait été trompée par tous ceux qu'elle avait aimés?

Le long parlement avait usurpé ses droits et engendré la guerre civile; les presbytériens avaient été aussi intolérants que les catholiques et que les anglicans; ils n'avaient rien su prévoir et rien su fonder. Les indépendants n'avaient produit que despotisme militaire et anarchie.

Le roi n'avait ramené de l'exil que réaction et arbitraire. Enfin le peuple avait cru, sous Charles II, au patriotisme des chefs de l'opposition parlementaire, et ces chefs étaient la plupart des

---

selle, tandis que les anglicans ne tenaient plus leurs droits et leurs pouvoirs que du droit et du pouvoir du chef de l'État; mais, aveuglé par des intérêts mondains, le clergé catholique se perdit en s'alliant aux oppresseurs du peuple au lieu de s'allier aux opprimés. Tout esprit éclairé voyait si bien que les Stuart perdaient la religion, que le pape Innocent XI témoignait hautement son mécontentement de la conduite imprudente de Jacques II, et les cardinaux de Rome disaient en plaisantant « qu'il fallait excommunier Jacques II, comme un homme qui allait perdre le peu de catholicisme qui restait en Angleterre. » Mais ce qui n'est pas moins remarquable, c'est que le prince d'Orange, chef de la ligue protestante, réunit en sa faveur, contre un souverain catholique, le pape, et l'Espagne, et l'empereur d'Allemagne, ce qui prouve qu'on s'allie toujours à une cause noblement et franchement défendue, tandis qu'on déserte même une cause amie, lorsqu'elle est conduite par la sottise et la lâcheté.

ambitieux sans conviction, ou des hommes vendus à l'étranger (1).

Le doute devait donc régner dans les esprits, et la nation se laisser aller de préférence au hasard des événements, plutôt que de risquer de se tromper encore en les créant elle-même ; c'est ce qui explique les acclamations presque universelles qui accueillirent l'avénement de Jacques II. On oublia les préventions qui existaient sous le règne précédent contre le duc d'York, parce qu'il était plus facile, pour les âmes découragées, d'oublier que de haïr ; et on se prit à espérer par lassitude, comme on avait espéré par enthousiasme.

Jacques II ne manqua pas de prodiguer les promesses qui devaient flatter le sentiment national. « J'ai autrefois, disait le roi dans sa première harangue, hasardé ma vie pour la défense de la nation, et je suis aussi près que personne à m'exposer encore pour lui conserver ses justes droits et ses libertés (2).

« On répétait partout, en 1685 : Nous avons
« aujourd'hui un roi plein de valeur et de dignité,
« qui va faire respecter la nation au dehors, qui va

---

(1) Les dépêches de Barillon prouvent qu'un grand nombre de membres du parlement anglais recevaient des présents ou de l'argent de la France. Hume cite les noms de seize d'entre eux, tome x, page 55.

(2) Hume, t. x, p. 263.

« l'élever au plus haut degré de gloire et de puis-
« sance, et qui surtout saura bien s'opposer aux
« prétentions de Louis XIV et humilier son or-
« gueil (1). »

Mais Jacques II était un de ces hommes qui précipitent les catastrophes au lieu de les retarder. Pendant son exil, il avait abjuré la religion de ses pères, et toutes ses idées, toutes ses convictions étaient opposées à celles du peuple anglais. Il se trouvait dans la nécessité d'être parjure envers la nation ou envers lui-même, et cette communauté de sentiments qui engendre la confiance n'existant pas entre eux, la dissimulation et la violence devaient être les seuls soutiens de son autorité.

Le premier acte de Jacques II fut de demander des subsides à un roi étranger (2); il viola ses promesses, commit des actes arbitraires, favorisa ouvertement la religion catholique, et ne se servit du parlement que pour couvrir du manteau de la légalité ses desseins tyranniques.

Le duc de Monmouth, fils naturel de Charles II, connaissait l'esprit public, et était aimé du peuple; un parti considérable avait même voulu le

---

(1) Boulay de la Meurthe, *Histoire de Jacques II*, tome 1, page 5.
(2) Mazure, *Histoire de la révolution de* 1688, tome 1, page 395

faire reconnaître héritier de la couronne, au détriment du duc d'York.

Exilé dans les Pays-Bas, le duc Monmouth crut qu'il ne fallait pas laisser à Jacques II le temps d'accomplir ses projets liberticides, et résolut de le renverser dès la première année de son règne.

Confiant dans son courage et dans la bonté de sa cause, il débarqua à Lime, dans le Dorsetshire, suivi seulement de quatre-vingt-deux hommes. Dès que le peuple eut connaissance de ses proclamations, il accourut en foule sous ses drapeaux, et déjà son armée montait à plusieurs milliers d'hommes, lorsqu'elle fut mise en déroute à Segmoore; lui-même fut fait prisonnier, conduit à Londres et exécuté.

Jacques II, effrayé du danger d'une expédition qui avait manqué de soulever tous le pays contre lui, ne se contenta pas de frapper les vaincus avec toute la sévérité des lois, il voulut encore se venger en répandant sur le malheureux duc les bruits qui pouvaient le plus entacher sa mémoire (1). C'était trop cependant de lui arracher à la fois et

---

(1) Dans une dépêche de Barillon, ambassadeur de France, à Louis XIV, il est dit ce qui suit : *La cour fait répandre tout ce qui peut altérer la mémoire du duc de Monmouth dans l'esprit des anglicans et des peuples.*

Mazure, *Histoire de la révolution de* 1688, tome II, page 9.

la vie et l'honneur ; mais rien n'irrite plus un pouvoir impopulaire que de voir qu'un ennemi vaincu soit encore un danger.

L'entreprise du duc de Monmouth flattait tous les intérêts du peuple anglais ; pourquoi donc ne réussit-elle pas ? Etait-il donc irrévocablement écrit dans les destinées de l'Angleterre qu'il fallait que vingt-huit ans s'écoulassent après la restauration avant qu'un gouvernement national pût s'établir ? Vingt-cinq ans n'avaient-ils pas suffi pour raffermir les croyances et retremper les courages ? Cependant la mort du duc de Monmouth ne fut pas inutile ; il avait frayé le chemin par où, trois ans plus tard, Guillaume devait marcher. La répression de cette révolte et de la tentative du comte d'Argyle, qui avait eu lieu quelque temps auparavant en Ecosse, ne firent qu'augmenter l'aveuglement et la jactance de Jacques. Le don le plus funeste que la Providence puisse faire à un gouvernement qui lutte contre l'esprit national, c'est de lui accorder les faciles victoires ; son triomphe l'enivre, et il prend pour un symptôme de force ce qui n'est qu'une faveur passagère de la fortune.

Jacques II voulut régner comme en combat, en faisant tantôt de fausses attaques, tantôt de fausses retraites, pour tomber sur ses ennemis, qui étaient ses sujets, quand il croyait être parvenu à les diviser.

Pour accomplir ses coupables projets, il appelait tour à tour à son aide l'arbitraire ou la liberté; mais l'opinion publique ne le suivant jamais dans ses entreprises, il ne pouvait faire croire ni à sa force ni à sa tolérance. L'opposition se manifesta bientôt dans les chambres, dans la noblesse, dans le clergé; comme tous les pouvoirs qui s'en vont, il voulut remplacer la force morale, qui l'abandonnait, par la force matérielle, et il ne s'appuya plus que sur les conseils d'un ambassadeur étranger et sur son armée permanente, qu'il avait portée au chiffre immense, pour l'Angleterre, de quarante mille hommes (1).

Mais l'armée est une épée qui a la gloire pour poignée; Jacques II ne pouvait la manier. L'Angleterre voyait avec anxiété la marche imprudente du roi, qui foulait aux pieds ses libertés, sa religion, ses priviléges municipaux et universitaires, et qui abandonnait en même temps sa gloire et sa prépondérance au dehors. Cependant, tout restait dans l'ordre, tant est grande dans les sociétés malades cette force d'inertie qui résiste aux changements. Le peuple avait bien des larmes pour

(1) Mazure, *Histoire de la révolution de* 1688, tome III, page 134.

ceux qui échouaient dans leurs entreprises contre le gouvernement; il avait bien des applaudissements et des cris d'allégresse pour ceux qui échappaient par l'acquittement du jury aux vengeances du pouvoir (1); mais il était trop fatigué et trop divisé pour se secourir lui-même.

L'Angleterre allait donc périr! tant de sang répandu pour la liberté, tant d'efforts généreux pour assurer les progrès de la civilisation, ne devaient-ils aboutir qu'au despotisme et à la honte? On sentait qu'un tel résultat était impossible, sans cependant deviner de quel côté viendrait le salut. On ne resta pas longtemps sans l'apercevoir. Il existait en Hollande un homme qui, à l'âge de vingt-deux ans, avait sauvé son pays contre les flottes réunies de la France et de l'Angleterre, contre les armées commandées par les Turenne, les Condé, les Luxembourg, les Vauban, et qui l'avait sauvé par la seule énergie de son âme. Alors que tout le monde désespérait du salut des Provinces-Unies, lui seul, comptant sur le dévouement populaire, avait répondu aux ambassadeurs étrangers qui lui offraient une paix honteuse: « Je défendrai ma pa-
« trie jusqu'à mon dernier soupir, et je mourrai
« dans le dernier retranchement. » Guillaume,

(1) Acquittement des évêques; popularité des accusés du régiment de Berwick.

prince d'Orange, se trouvait en Europe le chef de la ligue protestante : il avait donc un double titre à l'admiration des Anglais, son caractère et sa religion. Depuis son mariage avec la fille aînée de Jacques II, alors duc d'York, il s'occupait activement des intérêts de la Grande-Bretagne.

Les faits qui se passaient tous les jours sous ses yeux, lui disaient hautement quel était son devoir, et ce que l'Angleterre attendait de lui. Pénétré de cette conviction profonde, qui seule inspire les grandes choses, il résolut de faire une descente dans ce pays et de le délivrer du joug qui l'opprimait.

Quelles furent, dans d'aussi graves circonstances les raisons qui le décidèrent à tenter une entreprise si périlleuse pour sa gloire si elle n'eût pas réussi? L'ambition personnelle, répondront ceux qui veulent sans cesse rabaisser les grands dévouements, en ne prêtant aux hommes que des sentiments vulgaires et des passions sordides. Non, de plus hautes pensées président aux grandes actions. Guillaume dut se dire : Je représente sur le continent la cause protestante, qui s'appuie sur la liberté; cette cause a pour elle la majorité de la nation anglaise. Opprimé, j'irai la défendre. A la tête de quelques troupes, je passerai le détroit en dépit des flottes de Louis XIV, et je me présenterai à l'Angleterre comme libérateur. La révolution que j'opérerai au moyen de mon armée aura cet avantage que, sans danger pour le repos du pays, la volonté nationale pourra se manifester librement; car j'aurai la force de contenir toutes les mauvaises passions qui surgissent toujours dans les convulsions politiques. Je renverserai un gouvernement, en gardant intact le prestige de l'autorité; j'établirai la liberté sans désordre, et le pouvoir sans violence. Pour justifier mon initiative et mon intervention personnelle dans une lutte si grave, je ferai valoir pour les uns mon droit héréditaire, pour les autres mes principes, pour tous, les intérêts communs du protestantisme et le besoin de s'opposer à l'agrandissement de la France; mais je n'accepterai rien que du vote libre de la nation, car on n'impose jamais sa volonté ni sa personne à un grand peuple!

Telles furent les idées qui guidèrent Guillaume; toutes les actions de sa vie furent l'application de ces principes.

Le 10 octobre 1688, le prince d'Orange publia un manifeste qui contenait l'énumération des principaux abus du gouvernement de Jacques. Il en résultait la preuve évidente que Jacques II avait vendu à l'étranger l'honneur et l'intérêt anglais, et qu'il voulait détruire les lois et la religion du pays.

Le prince se présentait comme appelé par un grand nombre des membres du clergé, de la noblesse, et par le vœu du peuple. Il prétendait que les droits de sa femme et les siens propres lui imposaient l'obligation de veiller à la sûreté de la constitution et de la religion. Son unique intention était de réparer les atteintes qui leur avaient été portées, et de mettre la nation en mesure de se faire justice. Pour cela, il fallait un *parlement libre*, formé, non d'après les nouvelles chartes qui avaient privé les villes et les bourgs de leurs droits, mais d'après les anciens statuts et usages; car il ne venait pas en conquérant, mais dans le seul but de seconder le vœu national (1).

Rarement les grandes entreprises réussissent du premier coup; on dirait qu'il faut qu'elles s'aiguisent d'abord contre les obstacles de tout genre. Guillaume, après avoir embarqué son armée expéditionnaire au Texel, le 30 octobre, fut repoussé par une affreuse tempête qui dispersa sa flotte et lui fit perdre les ressources principales sur lesquelles il comptait; mais rien ne pouvait abattre sa persévérance. Il se rembarqua le 12 novembre

---

(1) Boulay (de la Meurthe), *Histoire de Jacques II*, page 147.

et le 15, il touchait à Torbay le sol de l'Angleterre. Son étendard portait ces belles paroles pour tout cœur anglais : « Je maintiendrai la religion protestante et les libertés de l'Angleterre. »

Il tint parole.

Jacques, en apprenant le débarquement de Guillaume, ouvrit les yeux, révoqua une partie des mesures injustes et arbitraires qu'il avait fait exécuter, et désavoua son alliance avec Louis XIV; mais le jour était venu où les concessions ne sont plus qu'un signal de détresse, et où les rois ne reconnaissent leurs fautes que pour les expier.

Le prince d'Orange arriva à Londres sans obstacles. Les familles les plus distinguées avaient des comptes terribles à demander à Jacques; la nation, des griefs puissants à faire valoir, et l'armée ne pouvait rester fidèle à un gouvernement qui avait fait cause commune avec les ennemis de son pays.

Le cri de ralliement du peuple anglais était : Un parlement libre, point de papisme, point d'esclavage !

Jacques s'enfuit, puis revint à Londres, puis s'enfuit encore, pour éviter d'être conduit dans le château de Ham (1), où Guillaume et son

(1) Maison particulière située près de Londres sur les bords de la Tamise.

conseil avaient résolu de reléguer le souverain déchu.

Le prince d'Orange a réussi. Abusera-t-il de son triomphe et du premier enthousiasme du peuple pour son libérateur? Guillaume n'est point venu prendre une couronne d'assaut, il est venu consolider les destinées de l'Angleterre. D'ailleurs il a détruit le principe regardé inviolable et sacré de l'hérédité; il ne lui est possible de le combattre que par un autre principe, la souveraineté du peuple. On ne peut remplacer un droit acquis et reconnu qu'en lui opposant un autre droit légalement acquis et légalement reconnu. Il ne manquait pas cependant de conseillers qui lui disaient de s'emparer du pouvoir par droit de conquête, comme l'avait fait Guillaume le Conquérant, oubliant sans doute que six cents ans de civilisation avaient mis la force dans le droit national bien plus que dans l'épée. D'autres aussi le pressaient de saisir la couronne, en lui représentant les dangers de l'anarchie, ce fantôme complaisant qui sert toujours d'excuse à la tyrannie.

Guillaume resta inébranlable, il ne voulut pas usurper.

Les pairs et les évêques, présents dans la capitale, s'étaient assemblés à Westminster, et avaient formé une espèce de gouvernement provisoire. Ils lui présentèrent une adresse pour prendre momentanément les rênes du gouvernement; mais accepter des mains seules de l'aristocratie un pouvoir, même temporaire, n'était pas dans les vues de Guillaume. Il rassembla aussitôt tous les membres des deux derniers parlements tenus sous Charles II, parce que ces parlements seuls étaient estimés libres, la chambre des communes de Jacques, ayant été élue sous l'empire de la loi qui voulait la liberté des élections; il leur adjoignit le lord-maire, les aldermens et cinquante membres de la municipalité de Londres (1), et après les avoir réunis à la chambre haute, il les engagea à prendre les mesures les plus efficaces pour convoquer un parlement libre, comme le portait sa déclaration. Après avoir délibéré, ces deux chambres se rendirent à Saint-James (2), et prièrent le prince d'Orange d'accepter le gouvernement jusqu'à la convocation d'une assemblée nationale (3).

Guillaume, ainsi autorisé par tous ceux qui

(1) Hume, tome I, page 370.
(2) Le prince d'Orange resta au palais Saint-James jusqu'au jour où la convention vint lui déférer la couronne dans la salle des festins de White-Hall, qui était alors la résidence royale.
(3) Voyez pièces à l'appui, l'adresse de la chambre au prince d'Orange.

pouvaient, dans les premiers moments, représenter la nation de la manière la plus légale, se chargeait provisoirement de l'administration civile et militaire du royaume, et envoya partout des lettres circulaires pour qu'il fût procédé aux élections conformément aux anciens statuts et usages. Les troupes furent éloignées de tous les lieux où ces élections devaient se faire; le plus grand ordre y régna comme la plus grande liberté; et le 2 février le parlement, qui prit le nom de convention, se réunit pour procéder légalement aux destinées de l'Angleterre. Dans cette assemblée, toutes les questions fondamentales furent librement agitées et longuement discutées. On adopta comme principe fondamental qu'il existait un contrat originel entre le roi et le peuple, que Jacques II l'avait violé et que le trône était vacant, et que Guillaume et Marie seraient élus roi et reine de la Grande-Bretagne, mais qu'au prince seul serait déférée l'adminstration.

Pendant ces graves délibérations, qui durèrent près d'un mois, le prince d'Orange avait gardé une neutralité complète. Considérant comme son unique devoir de maintenir l'ordre, il avait même réprimé une pétition portée en tumulte au parlement, quoiqu'elle fût en sa faveur (1). Plein de

(1) Hume, tome x, page 381.

réserve et de dignité, il était resté impassible au milieu des passions qui s'agitaient, et n'était entré dans aucune intrigue avec les électeurs ni avec les membres du parlement ; on lui reprochait même des manières sèches et peu prévenantes envers ceux dont il pouvait espérer l'appui ; mais la grande âme de Guillaume dédaignait une popularité qui ne s'acquiert que par des bassesses.

Il ne rompit le silence que sur la fin des délibérations, et annonça que si le pouvoir ne lui était pas déféré de manière à satisfaire ses vues et sa conscience, il retournerait en Hollande et laisserait la Convention arranger ses affaires elle-même, préférant, disait-il, la vie privée à une position qui lui donnerait d'immenses difficultés, tout en lui ôtant les moyens nécessaires de faire le bien du pays. Déclaration sublime d'un homme de cœur, qui ne veut pas régner par amour du rang suprême, mais pour accomplir une mission et pour faire triompher une cause.

La Convention n'avait pas cru devoir borner son ouvrage à élire un nouveau roi, elle avait joint à l'acte de reconnaissance de Guillaume une déclaration des droits de la nation anglaise où toutes les garanties que l'on avait réclamées dans les derniers temps étaient sanctionnées, la prérogative royale réduite à de justes bornes et plus exactement définies que jamais (1).

Le prince d'Orange agit envers l'Ecosse comme envers l'Angleterre. Il fit convoquer une Convention d'après le mode le plus favorable à la liberté des votes. Cette Convention lui déféra la couronne sans oublier de proclamer en même temps les droits du peuple. Quant à l'Irlande, elle était en révolte contre l'Angleterre, il alla lui-même la dompter.

Guillaume est légitime souverain du pays, puisqu'il a été élu par le libre suffrage d'une assemblée qui elle-même a été librement élue dans ce but par la nation. Comment va-t-il consolider son trône, lui qui, indépendamment des embarras que rencontre toujours un nouveau gouvernement, sera assiégé par des dangers sans nombre inhérents aux circonstances de l'époque?

A l'extérieur, il a un ennemi redoutable qui toujours le menace. Jacques II a conservé l'Irlande, et il est soutenu par les armées du plus grand souverain de l'Europe, roi dont les volontés sont presque toujours accomplies, parce qu'il a

---

(1) Voyez pièces à l'appui, l'adresse de la Convention nationale. Ce qui légitime encore la décision de cette assemblée, c'est que le parlement qui lui succéda en 1690, confirma tous les actes de la Convention.

de grands hommes pour les exécuter. Sur le continent, les alliés de Guillaume réclament son appui contre les envahissements de Louis XIV ; à l'extérieur, il faut qu'il attire à lui tous les partis, qu'il apaise toutes les haines, qu'il cicatrise toutes les blessures en faisant concourir à ses vues deux chambres composées de tant d'éléments divers.

Ce n'est plus avec un pouvoir illimité comme celui d'Élisabeth, mais avec la liberté, qu'il doit organiser un pays en fermentation et repousser un ennemi qui n'a qu'à dire : *je veux*, pour être obéi. Il ne trouve partout que des éléments de trouble et de division. Les républicains voient avec peine son installation, et les partisans de Jacques sont prêts à convertir aux yeux du peuple tous ses malheurs en fautes et toutes ses fautes en crimes. Les sectes religieuses, qui sont toutes politiques, le laissent réciproquement, et, s'il en protége une, il mécontente toutes les autres.

La chambre haute est divisée en deux camps dont chacun brigue le pouvoir, et le parti qui ne gouverne pas se venge de son délaissement par une résistance presque factieuse.

La chambre des communes, quoique composée en grande partie d'hommes favorables à la révolution, est pleine de défiance contre l'autorité royale, et pleine d'esprit de vengeance contre ses propres ennemis; il faut que Guillaume la rassure, et qu'il contienne en même temps ses passions réactionnaires.

Quel moyen emploiera-t-il donc pour surmonter tant de difficultés ? Un seul ! et il lui réussira. C'est de rester fidèle à la cause de la révolution qui l'a appelé, et de la faire triompher, à l'intérieur par sa justice, à l'extérieur par son courage.

Admirons dans Guillaume son habileté à unir l'indépendance et la fermeté d'un chef avec la flexibilité d'un roi constitutionnel. Il cède tout ce qu'il peut céder sans déshonneur, et il tient ferme pour tout ce qu'il croit utile au bien du pays qui lui a confié ses destinées.

Si le parlement veut rechercher quelles sont les causes qui font échouer des entreprises importantes, s'il veut acquérir plus d'indépendance, s'il veut qu'on lui soumette les traités ou les négociations diplomatiques, s'il accuse les ministres, s'il blâme les nominations (1), s'il dispute au roi la disposition des biens confisqués en Irlande (2), s'il veut même, par jalousie du pouvoir militaire, que Guillaume se sépare de ses vieux bataillons

(1) Le parlement se plaignait de ce que le roi n'avait pas nommé à des emplois de juge de paix des hommes d'une position assez élevée.

(2) Hume et Smollet, tome xi, page 397.

qui l'ont assisté dans tous ses combats (1), le roi cède; mais à son tour, le chef politique est inébranlable lorsqu'il s'agit de l'honneur national ou de quelque grande mesure de justice.

A l'extérieur, on aime à voir sa persévérance à soutenir, malgré des revers nombreux et une opposition factieuse, une lutte acharnée contre les ennemis de son pays, jusqu'à ce qu'il ait obtenu une paix avantageuse.

A l'intérieur, on aime à voir sa constance et sa fermeté lorsque, ayant proposé un bill d'amnistie générale qui est rejeté par le parlement, un acte de grâce qui doit avoir le même effet conciliateur; lorsque, dans le but d'unir les partis, il fait adopter un bill qui abolit les peines portées par des lois antérieures contre les non-conformistes; lorsque, dans la même pensée, il presse le parlement, à plusieurs reprises, de réunir en une seule église les presbytériens et les anglicans (2), ce qui eût confondu dans les mêmes dogmes religieux l'immense majorité de la nation; lorsque enfin il s'oppose sans cesse aux mesures de rigueur qu'on

(1) Hume et Smollet, tome xi, page 381.
(2) Les communes, guidées par un esprit d'intolérance, repoussèrent cette dernière mesure, qui était cependant dans les intérêts de la révolution.

lui proposait contre les catholiques (1) et qu'il oublie les offenses et pardonne les injures.

Puisant toute sa force dans la gloire nationale, Guillaume fut toujours assez fort pour être juste.

Tandis que Jacques II n'avait fait qu'irriter la nation par sa déclaration en faveur de la liberté de conscience, parce qu'on crut qu'à l'abri de cette liberté il voulait protéger le catholicisme, Guillaume, au contraire, affermit son pouvoir par la tolérance. Le peuple ne supposait pas d'arrière-pensée au souverain qui avait les mêmes intérêts que lui.

Dès les premiers moments de son règne, le roi montra sa sollicitude pour le bien du peuple, en faisant abolir l'impôt sur les feux, qui était très-vexatoire pour les classes pauvres. Il fit preuve d'une grande impartialité en nommant les nouveaux juges, et en faisant tomber son choix sur les hommes les plus estimés et les plus indépendants.

Cependant il y eut alors, comme après tous les grands changements politiques, des ambitions déçues, des intérêts froissés, qui eurent recours aux

---

(1) Lorsque la députation de la convention d'Écosse vint apporter à Guillaume sa déclaration, elle lui dit, entre autres choses, qu'elle espérait qu'il détruirait l'hérésie; il l'interrompit pour déclarer qu'il n'entendait pas persécuter.

conspirations pour tenter de renverser le nouveau gouvernement. Mais remarquons que ce ne furent jamais les hommes de la révolution qui employèrent ces moyens violents.

Quoiqu'il y eût alors une opinion opposée au nouveau régime, qu'on appelait républicain ou révolutionnaire (1), ce parti se tint tranquille; ce qui prouve que, s'il n'envisageait pas la cause de Guillaume comme la sienne propre, il trouvait cependant qu'elle garantissait les intérêts communs contre les mêmes ennemis.

Lorsqu'on intenta des procès politiques, les accusés ne furent jamais soustraits à leurs juges naturels : quelquefois le parlement porta des *bills d'attainder ;* mais ce n'était pas alors la première chambre du pays qui descendait au triste rôle de tribunal exceptionnel ; c'était la représentation nationale entière, qui, par la sentence, voulait montrer son attachement au gouvernement et sa haine pour tout ce qui menaçait son existence.

On vit aussi de ces hommes fanatiques, qui mettent les destinées de leur pays au bout de leur poignard, attenter aux jours du roi; mais ils furent renvoyés avec mépris aux tribunaux ordinaires, dans la pensée que, donner trop de crédit à un attentat, c'était en encourager d'autres.

(1) Hume et Smollet, tome xi, page 185.

Le complot qui eut lieu en 1696 contre la vie de Guillaume ne servit qu'à faire ressortir l'attachement général pour sa personne. Les deux chambres du parlement déclarèrent de nouveau que lui seul possédait des droits légitimes, et elles rédigèrent un acte d'association par lequel elles s'engageaient à défendre contre tous le gouvernement et la personne du roi. Cette déclaration, signée par un nombre infini de citoyens de toutes les classes, fut pour Guillaume une seconde sanction populaire. Quoique le parlement se laissât entraîner parfois hors d'une saine politique, par des passions réactionnaires et des susceptibilités mesquines, il faut avouer cependant qu'il se montra souvent digne des grands intérêts qu'il avait à soutenir : en premier lieu, il discuta avec conscience et dignité les droits des vaincus, comme ceux du vainqueur, et établit franchement la base sur laquelle devait reposer le nouveau gouvernement. Il assura les garanties nécessaires contre les empiétements de la couronne. Il s'empressa surtout de repousser toute solidarité avec les actes tyranniques des règnes précédents, et non-seulement il cassa les jugements portés contre lord Russel, Algernon-Sidney et d'autres victimes du despotisme de Charles II, mais même il nomma un comité chargé d'une enquête contre les auteurs et complices du jugement qui les avait condamnés à mort (1).

Les chambres voulurent, dans les premiers temps, tenir le roi dans leur dépendance, en ne votant la liste civile que d'année en année. Ce ne fut qu'en 1697, lorsque Guillaume avait assuré une paix avantageuse à l'Angleterre, qu'elles fixèrent la liste civile pour toute la durée de son règne. Ainsi donc rien n'avait été précipité, et le parlement ne témoignait sa confiance qu'après neuf ans d'épreuve de l'exercice de l'autorité royale.

D'importantes améliorations furent alors adoptées par les chambres : entre autres innovations, on affecta à chaque différent service un revenu annuel.

On résolut que toute personne serait taxée suivant la juste valeur de ses biens réels et personnels, soit en fonds de terre ou fonds de commerce, soit en emplois, pensions ou professions.

On augmenta les garanties de la liberté individuelle en étendant, par un nouveau bill, les bienfaits de l'*habeas corpus* aux crimes de haute trahison, et la confiscation ne fit plus partie des peines prononcées contre les délits politiques. Le

---

(1) Hume, tome x, page 77.

bill triennal, qui fixait à trois ans la durée des parlements, fut adopté.

On décida que les résolutions prises dans le conseil privé seraient signées par tous ceux qui les auraient conseillées ou approuvées; que quiconque tiendrait de la couronne une pension ou une place lucrative ne pourrait être membre de la chambre des communes; que les juges recevraient un salaire fixe, et qu'ils ne pourraient plus être licitement révoqués que sur les adresses des deux chambres; qu'aucun pardon scellé du grand sceau d'Angleterre ne pourrait prévaloir contre une accusation intentée en parlement par la chambre des communes (1).

Ainsi, pendant que le roi rétablissait l'ordre et donnait un nouveau lustre au nom anglais, le parlement, de son côté, assurait les libertés publiques. Si, à l'intérieur, la politique de Guillaume était grande et nationale, à l'extérieur elle l'était bien davantage encore.

Depuis le jour où, dans le plus grand danger de la patrie, le peuple hollandais lui avait confié le pouvoir, Guillaume suivit, soit comme prince hollandais, soit comme roi d'Angleterre, la même conduite.

---

(1) Hume et Smollet, tome XI, page 428.

La puissance de Louis XIV excitait depuis longtemps la jalousie des souverains de l'Europe. Ils s'étaient tous ligués contre le grand roi; mais, abandonnés par l'Angleterre, en 1678, la Hollande, l'Espagne et l'empereur d'Allemagne s'étaient vus forcés de reconnaître, par la paix de Nimègue, presque toutes les conquêtes de la France. Cette paix avait été en grande partie l'œuvre de la trahison de Charles II, qui avait, par lâcheté, vendu à Louis XIV l'honneur de son pays, l'intérêt de ses alliés, et qui avait laissé ainsi échapper l'occasion d'assurer la prépondérance de l'Angleterre. Ce traité était donc resté pour la Grande-Bretagne, sinon un monument de honte, du moins une preuve de la dépendance et de la faiblesse de son gouvernement.

Mais Guillaume n'a point accepté la couronne pour continuer la politique des Stuart. A peine était-il arrivé à Londres, que, loin de rechercher une reconnaissance étrangère, il avait, dans les vingt-quatre heures, renvoyé à Versailles Barillon, ambassadeur de Louis XIV, cet habile serviteur de son maître, mais le funeste conseiller des Stuart.

Dès qu'il se trouve à la tête du peuple anglais, il demande au parlement des subsides pour équiper ses flottes, pour augmenter ses armées.

Il reconquiert l'Irlande par la bataille de la Boyne : par la bataille navale de la Hogue (1692), il détruit toutes les espérances de Jacques, et répare les désastres que ses flottes ont éprouvées sur mer.

Mais, sur le continent, les armes de Louis XIV sont toujours victorieuses : à Fleurus, à Steinkerque, à Neurwinde, à Marseille, en Piémont comme dans les Pays-Bas, sur le Rhin comme sur le Ter (1), Guillaume et ses alliés sont battus, et les entreprises des flottes anglaises contre Dunkerque, Saint-Malo et les côtes de Bretagne, ont toutes échoué. Cependant le génie fécond de Guillaume tire plus d'avantage de ses revers que ses ennemis de leurs succès. Louis XIV, qui avait autrefois conquis la moitié de la Hollande et de la Flandre, toute la Franche-Comté sans coup férir, ne peut pas même entamer les Provinces-Unies, après les plus grands efforts et les plus sanglantes victoires.

Guillaume reste l'âme de la coalition, et encourage l'Espagne, la Hollande et l'Allemagne à soutenir la lutte.

Il passe tous les ans d'Angleterre sur le conti-

---

(1) Le maréchal de Noailles gagna une bataille en Catalogne, sur les bords du Ter.

nent, pour arrêter les plans de campagne et se mettre à la tête des armées ; tous les ans il revient en Angleterre, pour apaiser les craintes du parlement, s'attirer son concours, lui expliquer ses grands desseins, et en obtenir les subsides nécessaires pour continuer la guerre. Quelquefois les chambres l'accueillent par des murmures, mais le peuple l'accompagne toujours de ses acclamations.

En ouvrant la session de 1696, il déclare que, malgré les propositions de paix, C'EST LES ARMES *à la main qu'il faut traiter avec la France*, et le parlement lui répond que, malgré les sacrifices que la nation a faits en hommes et en argent, il le soutiendra contre tous les ennemis au dedans comme au dehors.

Enfin, en 1697, sa persévérance a triomphé de la fortune de Louis XIV, et le succès a couronné ses efforts. La paix de Ruswick est signée entre la France, l'Angleterre, la Hollande, l'Espagne et l'empereur d'Allemagne. Par ce traité, qui était en tout point favorable à l'honneur et aux intérêts commerciaux de l'Angleterre et des Pays-Bas, Louis XIV reconnaissait Guillaume III, abandonnait la cause des Stuart ; il rendait aux alliés de Guillaume une grande partie des villes qu'il avait prises sur eux, et la Lorraine au fils de Charles V.

Ainsi donc Guillaume, en neuf ans, a surmonté tous les obstacles intérieurs et extérieurs qui s'opposaient à ses desseins; il a fait échouer toutes les tentatives de Jacques II, il a réuni en sa faveur la presque totalité de la nation, et il est parvenu à rendre à l'Angleterre toute son influence dans le congrès des rois.

Le 3 décembre 1697, le roi se rend au parlement et annonce qu'il avait atteint son but en ayant conclu une paix honorable.

Le chef de la fière Albion n'est plus, comme Charles II, le vassal de la France; il est devenu un des arbitres du sort de l'Europe, et au sud comme au nord, à l'orient comme à l'occident, on ne fera rien sans le consulter.

Par sa médiation se termine (1) la guerre de Hongrie, qui durait depuis quinze ans entre la Turquie et l'empereur d'Allemagne, et par les secours qu'il envoie à Charles XII, il force la Pologne et le Danemark à conclure la paix avec la Suède.

Louis XIV même dispose d'avance avec lui de l'héritage de Charles II d'Espagne, dont la mort paraissait prochaine.

Plusieurs traités de partage éventuels sont con-

(1) Hume et Smollet, t. xi, page 579.

venus entre eux; mais il était difficile que deux caractères aussi fiers fussent longtemps unis dans leurs desseins.

Le testament du roi d'Espagne, qui déclare le duc d'Anjou seul héritier de cette monarchie, ranime toutes les jalousies contre la France; l'Angleterre, par son adhésion ou sa résistance, va décider du sort de l'Europe. Louis XIV, ne pouvant gagner le roi comme il gagnait les Stuart, s'efforce par ses largesses de corrompre les membres influents du parlement (1), et Guillaume est forcé, par l'attitude des chambres, de reconnaître momentanément l'avénement d'un Bourbon au trône d'Espagne.

Mais les mauvaises dispositions du parlement n'effraient pas Guillaume; il s'appuie sur le peuple, et sait qu'en réveillant les sentiments nationaux il brisera les obstacles qui voudraient l'empêcher de soutenir ses alliés et les grands intérêts de son pays sur le continent. L'opinion publique ne tarde pas à se prononcer. Nous ne voulons pas, disaient les Anglais dans la fameuse pétition du Kent, être plus esclaves des parlements que des rois. Guillaume dissout les chambres, et lorsqu'il en convoque de nouvelles, le 13 décembre 1701, il ouvre la session par un discours où il développe

---

(1) Hume et Smollet, tome XI, page 422.

toute la profondeur et toute la nationalité de sa politique. Il leur demande de le soutenir dans ses vues, d'assurer le crédit public, de s'occuper du sort des pauvres, d'encourager le commerce et d'améliorer les mœurs. Il les conjure surtout de ne pas donner gain de cause à leur ennemi commun en abandonnant sur le continent les résultats de tous leurs efforts; il les presse de saisir l'occasion d'assurer la prépondérance de l'Angleterre en se mettant en Europe à la tête du protestantisme. Enfin il fait appel à tous les sentiments d'honneur de la nation.

Cet appel ne fut pas fait en vain. La chambre des communes vote des subsides à l'unanimité; la chambre des lords montre le même enthousiasme, et le discours de Guillaume est acheté par le peuple et encadré dans les chaumières (1) comme l'image de la plus fidèle des conquêtes et de la politique de la révolution. Ce fut le testament politique de Guillaume qui mourut quelques mois après (8 mars 1702), mais qui dut quitter la vie avec cette satisfaction intérieure qu'éprouve un grand homme qui a assuré la prospérité, la liberté et la grandeur de son pays.

(1) Hume et Smollet, tome xii, page 37.

## CHAPITRE III.

POLITIQUE DES STUARTS.

**Première partie. — Charles I<sup>er</sup>.**

Nous avons rappelé les principaux traits de la vie de Guillaume; c'est assez montrer combien ils diffèrent des faits qui se passent en France sous nos yeux.

La politique de 1830 n'est pas la politique de 1688 ; elle est tout l'opposé.

Ce n'est pas le système de Guillaume III, mais le système des Stuart qu'on a pris pour modèle.

Pour le prouver, nous allons analyser les causes des événements qui ont bouleversé l'Angleterre pendant soixante-trois ans.

En retraçant cette période si pleine d'intérêt de l'histoire de la Grande-Bretagne, nous verrons combien ces sociétés malades de 1640 à 1660 ont d'analogie avec la nôtre par leurs luttes et par leurs passions, et nous serons amenés à cette fâcheuse conclusion que les onze années qui viennent de s'écouler en France, depuis 1830, ressemblent aux époques qui commencent les révolutions, au lieu de ressembler aux époques qui les finissent.

Comme ce n'est pas une comparaison dramatique que nous cherchons, mais au contraire une comparaison philosophique, nous croyons qu'il est rationnel d'assimiler entre elles des époques qui se rapprochent par les idées qui ont dominé la société, par l'esprit qui a guidé le pouvoir, quoique les événements principaux ne soient pas les mêmes.

Qu'importe que les cadres soient différents, si les tableaux que nous comparons ont les mêmes couleurs et représentent les mêmes sujets ?

L'Angleterre avait déjà subi, en 1625, deux grandes révolutions. La première remontait au treizième siècle, époque de la déclaration de la grande Charte ; la seconde s'était accomplie au seizième siècle par l'affaiblissement de la noblesse et de la féodalité sous Henri VII (1), et par la

---

(1) Henri VII abolit, entre autres choses, les lois féodales, « qui op-

réforme religieuse exécutés violemment par Henri VIII.

La première révolution avait établi des droits, la seconde avait réalisé les bénéfices en disséminant dans la nation les biens de la noblesse et du clergé (1).

Or, comme tous les grands intérêts ont besoin d'idées, de couleurs et de drapeaux pour être représentés, le protestantisme devint en Angleterre l'emblème de toutes ces conquêtes nationales.

Élisabeth avait fait plus que de confirmer les intérêts de ces révolutions, elle les avait sauvés. Aussi son despotisme avait-il été plus populaire que la liberté.

Jacques Ier, chef en Angleterre de la malheureuse dynastie des Stuart, crut qu'il pouvait conserver le pouvoir absolu d'Élisabeth sans son génie, et jouir de la même autorité dans un esprit différent, dans un but opposé. Il ne fit que saper les fondements du trône et préparer la révolution qui éclata sous son fils.

posaient des entraves à la vente et à la subdivision des fiefs. » Guizot, page II, *Histoire de Charles Ier*, vol. I.

(1) Dans le partage des tenures fait par Guillaume-le-Conquérant, le clergé avait eu pour sa part 28,015 manoirs, c'est-à-dire plus d'un tiers des biens du royaume.

La noblesse aliéna la plupart des vastes domaines que lui distribua Henri VIII.

Le gouvernement de Jacques 1ᵉʳ n'inspirant que mépris, les prérogatives royales, qui, sous Élisabeth, étaient regardées comme des droits de la couronne, ne furent plus considérées que comme des abus.

Souvent les peuples donnent un aiguillon pour les conduire, jamais pour les frapper.

Quant à l'aristocratie, elle avait fléchi devant le trône depuis l'avénement des Tudor, mais avec cette réserve de se relever toujours avec les libertés du peuple.

Lorsque Charles 1ᵉʳ monta sur le trône, il se trouva à la tête d'un pouvoir presque absolu sur un peuple qui possédait déjà tous les moyens légaux d'entraver l'absolutisme. Les parlements (1) n'avaient jamais cessé de se rassembler. Le jury existait. Les villes avaient conservé leurs chartes, les corporations leurs franchises, et les esprits s'étaient exercés aux discussions politiques par l'habitude de la controverse en matière religieuse.

Les Anglais connaissaient donc tous les ressorts de la liberté, s'ils en ignoraient encore la pratique ; et maintenant que le pouvoir ne les con-

---

(1) On avait même réglé, sous Édouard III, que les parlements s'assembleraient une fois tous les ans, et plus même, s'il était nécessaire.

duisait pas dans le sens national, ils allaient réclamer la libre et entière puissance de ces biens que leur avaient légués leurs pères; car il n'y a pas de jouissance là où il y a crainte de perdre.

La confiance populaire était passée de la couronne au parlement, parce que lui seul paraissait garantir l'aisance que l'on avait acquise et la prière que l'on adressait au ciel.

Les maux de la société étaient patents, et cependant il existait dans la nation un désir vague et indéfini d'un meilleur état de choses.

Des années s'écoulent avant qu'un peuple mette la main sur l'endroit de ses blessures. Plus les griefs réels semblent faciles à proclamer, plus les esprits s'élancent dans le mysticisme des théories.

Enfin, la Grande-Bretagne était arrivée, en 1625, à une de ces époques solennelles où un souverain ne reste à la tête d'une société en travail qu'à la condition de la diriger, et qu'il ne dirige qu'à la condition de favoriser et de régler les idées nouvelles.

Cependant le règne de Charles I$^{er}$ s'annonçait sous d'heureux auspices. « L'Angleterre se pro-
« mettait d'être heureuse et libre sous un roi
« qu'enfin elle pouvait respecter (1). »

(1) Guizot, *Histoire de Charles I$^{er}$*, v. i, page 3. Nous avons cru ne

Cet espoir fut bientôt déçu. Dès les premiers jours les plaintes se manifestèrent. On reprochait au gouvernement de protéger cette religion catholique qui, en Angleterre, était descendue à l'état de parti politique; on lui reprochait ses négociations, ses alliances, son incurie pour le commerce, son emploi des subsides. Au lieu de donner tort à ces plaintes peut-être trop hâtives, en réprimant les abus qu'elles signalaient, le gouvernement donna tort à leurs auteurs; alors la méfiance augmenta, le parlement devint plus impérieux, le roi plus irrité.

Désirant détourner l'attention publique des affaires intérieures par une expédition faite en faveu du protestantisme, Charles I<sup>er</sup> fit équiper une flotte pour secourir les assiégés de la Rochelle.

Mais il y a des gouvernements frappés de mort dès leur naissance et dont les mesures les plus nationales n'inspirent que la défiance et le mécontentement.

Charles I<sup>er</sup> demanda vingt vaisseaux à la cité de Londres pour équiper sa flotte, et on lui répondit qu'Elisabeth (1) en avait exigé moins pour repousser la grande Armada de Philippe II. Le roi

pouvoir mieux dépeindre l'état de l'Angleterre sous Charles I<sup>er</sup> qu'en citant plusieurs passages de la brillante histoire de M. Guizot.

(1) Guizot, *Histoire de Charles I<sup>er</sup>*, page 32.

voulut qu'on les lui donnât, et, malgré ces puissantes ressources, il échoua deux fois devant l'énergie de Richelieu.

Le parlement se déclarait toujours plus hostile, et sa popularité augmentait en raison de son hostilité. Charles, après l'avoir cassé plusieurs fois, le rappela, et le rappela pour lui donner raison.

En 1628, le fameux bill connu sous le nom de pétition des droits (bill of reghts) fut sanctionné par le roi et les deux chambres. Ce n'était point une innovation extraordinaire, ce bill consacrait des libertés reconnues ou réprimait des abus universellement réprouvés. Il fallait que déjà le roi et la nation fussent bien étrangers l'un à l'autre, pour que l'un regardât comme une défaite sanglante et l'autre comme une victoire signalée, ce qui n'était que le rappel d'anciens droits.

Les pouvoirs faibles et imprévoyants croient qu'ils ont tout fait quand, après avoir lutté longtemps contre l'opinion publique, ils sont obligés de céder.

Ils n'ont montré cependant que leur mauvais vouloir et leur faiblesse.

Charles crut qu'il était au bout de ses épreuves, elles ne faisaient que commencer ; les communes firent éclater leur haine contre le duc de Buckingham, son conseiller, et le menacèrent de leur accusation. Le roi pensa qu'il avait montré assez de déférence aux vœux du parlement, et que le temps des concessions était passé. Il crut sauver son ministre en le conservant auprès de lui. Le duc de Buckingham fut assassiné, et la nation osa tressaillir de joie. Irrité de tant d'outrages, Charles cassa le parlement, et résolut de gouverner seul; pendant onze ans l'Angleterre parut tranquille, mais l'agitation n'avait fait que se répandre de la surface dans tout le corps de la société.

« Quelque temps, le gouvernement fut facile.
« Les citoyens ne s'occupaient plus que de leur
« intérêt privé. Aucun grand débat, aucune vive
« émotion n'agitait les gentilshommes dans les
« réunions des comtés, les bourgeois dans les as-
« semblées municipales, les matelots sur les ports,
« les apprentis dans les ateliers. Ce n'est pas que
« la nation languît dans l'apathie, son activité
« avait pris un autre cours; on eût dit qu'elle
« oubliait dans le travail les revers de la liberté
« Plus hautain qu'ardent, le despotisme de Charles
« se troublait peu dans ce nouvel état. Ce prince
« ne méditait pas de vastes desseins, n'avait nul
« besoin d'une gloire forte et hasardeuse; il lui
« suffisait de jouir avec majesté de son pouvoir
« et de son rang. La paix le dispensait d'exiger
« du peuple de pesants sacrifices, et le peuple se

« livrait à l'agriculture, au commerce, à l'étude,
« sans qu'une tyrannie ambitieuse et agitée vînt
« chaque jour gêner ses efforts et compromettre
« ses intérêts; aussi la prospérité publique se dé-
« veloppait rapidement, l'ordre régnait entre les
« citoyens, et cet état florissant et régulier donnait
« au pouvoir l'apparence de la sagesse, au pays
« celle de la résignation (1). »

Cependant, en étouffant les plaintes, on ne guérit pas les maux; et la marche du gouvernement, quoique affranchie des entraves de la discussion parlementaire, n'en devint bientôt ni plus facile ni plus franche.

« Malgré l'énergie et le zèle de ses principaux
« conseillers, malgré le calme du pays, malgré la
« dignité des mœurs du roi, le gouvernement était
« sans force et sans considération. Assailli de dis-
« sensions intérieures, dominé tour à tour par des
« influences contraires, tantôt secouant avec arro-
« gance le joug des lois, tantôt cédant aux plus
« frivoles entraves, aucun plan ne présidait à la
« conduite du roi; il oubliait à chaque instant ses
« propres desseins (2). »

Charles s'était empressé, dès qu'il s'était vu li-

(1) Guizot, vol. I, page 64.
(2) Guizot, vol. I, page 75.

bre du contrôle des chambres, de conclure la paix avec la France (1629) et l'Espagne (1630), et d'abandonner ainsi en Europe la cause du protestantisme (1).

L'influence de l'Angleterre n'avait fait que décroître, et le pavillon britannique était étonné de ne plus inspirer le respect comme du temps d'Élisabeth.

« Les pirates barbaresques venaient dans la
« Manche, et jusque dans le canal Saint-George,
« infester les côtes de la Grande-Bretagne.

« Tant d'inhabileté et ses périls n'échappaient
« point aux regards des hommes exercés. Les mi-
« nistres étrangers qui résidaient à Londres en
« rendaient compte à leurs maîtres; et bientôt,
« malgré la prospérité connue de l'Angleterre, se
« répandit en Europe l'opinion que le gouverne-
« ment de Charles était faible, imprudent, mal as-
« suré; à Paris, à Madrid, à la Haye, ses ambassa-
« deurs furent plusieurs fois traités légèrement et
« avec dédain (2).

« A la tyrannie frivole et malhabile, il faut cha-
« que jour un surcroît de tyrannie ; celle de Char-
« les fut, sinon la plus cruelle, du moins la plus

---

(1) Guizot, vol. I, page 75.
(2) Guizot, vol. I, page 78.

« inique et la plus abusive qu'eût jamais soufferte
« l'Angleterre. Sans pouvoir alléguer pour excuse
« aucune nécessité politique, sans éblouir les es-
« prits par aucun grand résultat, pour suffire à
« des besoins obscurs, pour accomplir des volontés
« sans but, elle méconnut et offensa les anciens
« droits comme les désirs nouveaux, ne tenant
« compte ni des lois et des opinions du pays, ni
« des aveux et des promesses du roi lui-même,
« essayant au hasard, et selon l'occurrence, de
« tous les genres d'oppression, adoptant enfin les
« résolutions les plus téméraires, les mesures les
« plus illégales, non pour assurer le triomphe d'un
« système conséquent et redoutable, mais pour
« soutenir par des expédients journaliers un pou-
« voir toujours dans l'embarras. De subtils con-
« seillers, fouillant sans cesse les vieux registres
« pour y découvrir quelque exemple de quelque
« iniquité oubliée, exhumaient laborieusement les
« abus du temps passé et les érigeaient en droits
« du trône. Doutait-on quelquefois de la complai-
« sance des juges, ou voulait-on ménager leur in-
« fluence ? des tribunaux d'exception, la chambre
« étoilée, la cour du nord, une foule d'autres juri-
« dictions affranchies de la loi commune étaient
« chargées de les suppléer (1). »

(1) Guizot, vol. 1, page 80.

En 1636, la chambre étoilée fut chargée de punir les publications de pamphlets puritains.

« L'iniquité de la procédure égala la barbarie
« du jugement (1).

« Le mécontentement semblait-il, dans quelque
« comté, trop général, on en désarmait la milice
« on y envoyait des troupes que les habitants
« étaient tenus de loger et de nourrir (2).

« Dans les villes la haute bourgeoisie, dans les
« campagnes un assez grand nombre de petits
« gentilshommes, et presque tous les francs tenan-
« ciers, portaient plus loin que d'autres, en ma-
« tière religieuse surtout, leur colère et leurs pen-
« sées.

« Là dominaient un attachement passionné à la
« réforme, un besoin ardent d'adopter les consé-
« quences de ses principes, une haine profonde de
« tout ce qui conservait quelque ressemblance avec
« le papisme et en rappelait le souvenir, car la ré-
« forme avait proclamé l'affranchissement de la
« société civile, et aboli les usurpations du pou-
« voir spirituel en matière temporelle (3).

« En matière politique, l'effervescence, quoique

(1) Guizot, vol. i, page 112.
(2) Guizot, vol. i, page 94.
(3) Guizot, vol. i, page 103.

« moins générale et moins désordonnée, ne lais-
« sait pas de se répandre.

« Au sein des classes inférieures et par l'effet,
« soit d'une aisance nouvelle, soit des croyances
« religieuses, commençaient à circuler des idées
« et des besoins d'égalité jusque-là inconnus.
« Dans une sphère plus élevée, quelques esprits ru-
« des et fiers, détestant la cour, méprisant l'im-
« puissance des anciennes lois, et se livrant avec
« passion à la liberté de leurs pensées, rêvaient,
« dans la solitude de leurs lectures ou le secret de
« leurs entretiens, des institutions plus simples et
« plus efficaces. D'autres, agités de prétentions
« moins pures, étrangers à toute foi, cyniques
« dans leurs mœurs, et jetés par leur humeur ou
« le hasard au nombre des mécontents, aspiraient
« à un bouleversement qui fît place à leur ambition
« ou les affranchît du moins de tout frein.

« Le fanatisme et la licence, la sincérité et l'hy-
« pocrisie, le respect et le dédain des vieilles in-
« stitutions, les besoins légaux et les désirs déré-
« glés, tout concourait aussi à fomenter la colère
« nationale ; tout se ralliait contre un pouvoir dont
« la tyrannie échauffait d'une même haine les
« hommes les plus divers, tandis que son impru-
« dence et sa faiblesse laissaient aux plus petites

« fractions et aux rêves les plus audacieux l'acti-
« vité et l'espérance (1).

« Le gouvernement, malgré ses embarras, était
« confiant et superbe. Pour justifier sa conduite,
« il parlait souvent, et avec emphase, du mau-
« vais esprit qui se propageait ; mais sa peur mo-
« mentanée n'éveillait point sa prudence, et, en
« les craignant, il dédaignait ses ennemis. La né-
« cessité même d'aggraver de jour en jour l'op-
« pression ne l'éclairait point, et il s'applaudissait
« d'autant plus de sa force que le péril croissant
« l'obligeait à plus de rigueur (2). »

Charles I$^{er}$ était entré sans le vouloir dans cette
voie funeste où la question n'est plus de gouverner, mais de se soutenir, où il ne s'agit plus d'être
juste, mais de sévir. Les hommes du peuple
avaient été les premières victimes des persécutions.

« Ce n'était encore que des martyrs populaires,
« aucun d'eux n'était distingué par son nom, ses
« talents, sa fortune ; plusieurs même étaient,
« avant leur procès, assez peu considérés dans
« leur profession, et les opinions qu'ils avaient
« soutenues n'étaient, à beaucoup d'égards, que

(1) Guizot, vol. I, page 110.
(2) Guizot, vol. I, page 111.

« celles de sectes fanatiques accréditées surtout
« dans la multitude. Fière de leur courage, elle
« accusa bientôt les classes supérieures de fai-
« blesse et d'apathie : *Maintenant*, disait-on,
« *l'honneur, qui d'ordinaire réside dans la tête,*
« *est, comme la goutte, descendue aux pieds* (1). »

Mais bientôt, les hautes classes de la société sentirent les mêmes affronts et subirent les mêmes persécutions ; l'opinion publique se réveilla et obligea le roi à convoquer, en 1640, un nouveau parlement, qui ne devait plus se dissoudre sans l'avoir renversé.

Cependant, au commencement de la convocation de cette assemblée, qui par la suite reçut le nom de *long parlement*, la nation était encore incertaine.

« Quel que fût son mécontentement, tout des-
« sein violent lui était étranger. Les sectaires, en
« certains lieux la multitude, et quelques hom-
« mes déjà compromis comme chefs de partis
« naissants, nourrissaient seuls des passions plus
« sombres ou des pensées plus étendues. Le pu-
« blic les avait approuvés et soutenus dans leur
« résistance, mais sans s'associer à d'autres pro-
« jets, sans même leur en supposer. De longs re-
« vers avaient mis beaucoup de bons citoyens en

---

(1) Guizot, vol. 1, page 116.

« doute, sinon sur la légitimité, du moins sur la
« convenance de l'ardeur et l'obstination des der-
« niers parlements. On rappelait sans blâme, mais
« avec regret, la rudesse de leur langage et le dé-
« sordre des scènes qui les avaient agités; on se
« promettait plus de prudence sous l'influence de
« cette disposition; les élections formèrent une
« chambre des communes contraire à la cour, dé-
« cidée à redresser les griefs, et où prirent place
« tous les hommes que leur opposition avait ren-
« dus populaires, mais composée en majorité de
« citoyens paisibles, libres de tout engagement de
« parti, se méfiant des passions, des combinaisons
« secrètes, des résolutions précipitées, et se flat-
« tant qu'ils réformeraient les abus sans aliéner
« le roi, sans hasarder le repos du pays.

« Dans cet état d'esprit, la situation morale du
« parlement était fausse, car c'était par lui et à
« son profit que s'accomplissait la révolution;
« contraint de la faire et de la nier à la fois, ses
« actes et son langage se démentaient tour à tour,
« et il flottait péniblement entre l'audace et la
« subtilité, la violence et l'hypocrisie.

« Chaque jour il était forcé de marcher dans
« des voies opposées, de tenter des efforts con-
« traires. Ce qu'il sollicitait dans l'Église, il le
« repoussait dans l'État; il fallait que changeant

« sans cesse de position et de langage, il invoquât
« tour à tour les principes et les passions démo-
« cratiques contre les évêques, les maximes et
« les influences monarchiques ou aristocratiques
« contre les républicains naissants. C'était un
« spectacle étrange de voir les mêmes hommes
« démolir d'une main et soutenir de l'autre ; tan-
« tôt prêcher les innovations, tantôt maudire les
« novateurs ; alternativement téméraires et timi-
« des, rebelles et despotes à la fois ; persécutant
« les épiscopaux au nom des droits de la liberté,
« les indépendants au nom des droits du pouvoir ;
« s'arrogeant enfin le privilége de l'insurrection
« et de la tyrannie, en déclamant chaque jour
« contre la tyrannie et l'insurrection. »

Cet état d'incertitude et de contradiction ne pouvait durer. Depuis l'ouverture du parlement, Charles avait été obligé de céder au torrent de l'opinion. Mais ces concessions lui avaient été aussi funestes que sa résistance. Désirant regagner quelque popularité sans cependant satisfaire aux justes demandes du peuple, il voulut flatter dans ses haines en persécutant les papistes, *victimes dévouées* aux raccommodements du prince et du pays.

Mais l'injustice n'a jamais raffermi un trône. Le roi avait ouvert la porte aux passions haineuses sans savoir où elles s'arrêteraient, sans prévoir jusqu'où elles iraient frapper. La vengeance du parlement s'appesantit d'abord sur le malheureux lord Strafford, sur le seul homme peut-être qui, au commencement du règne, eût pu sauver la monarchie, et qui maintenant allait être victime des mesures qu'il avait exécutées contre son opinion, par attachement pour le souverain. Charles abandonna son ministre à ses bourreaux ; mais avec la tête de lord Strafford devait aussi tomber le dernier prestige de la royauté ! Cet abandon montrait à la fois et la faiblesse du roi et la lâcheté de l'homme.

Les partis avaient usé tous leurs moyens légaux ; toutes les ressources de la raison et de la justice étaient épuisées : les passions seules restaient en présence. La lutte devait éclater. On sait comment elle finit.

### Deuxième partie. — Charles II.

Charles 1<sup>er</sup> expia cruellement les fautes de son père et les siennes propres ; mais que de raisons pour expier ses erreurs ! Élevé dans des principes d'autorité absolue, l'exemple des rois qui l'avaient précédé devait égarer son jugement et lui faire prendre les justes plaintes du peuple pour des déclarations factieuses, et les convulsions d'une société malade pour des séditions vulgaires.

Mais, après lui, c'était vertige que de se tromper, car son exemple montrait en lettres de sang, dans l'histoire d'Angleterre, où était le port et où était l'écueil. Cependant trente-neuf ans devaient encore s'écouler, et cinq gouvernements venir successivement se briser contre l'opinion publique ; avant que l'Angleterre eût jeté l'ancre de ses libertés.

Notre but n'étant pas d'écrire la marche des événements qui suivirent la mort de Charles 1<sup>er</sup>, nous ne dirons qu'un mot des onze années qui précédèrent la restauration de son fils.

La lutte qui avait renversé le trône en Angleterre n'avait pas été, comme le fut plus tard la révolution de 1789, une de ces commotions violentes qui sont à la fois sociales, politiques, intellectuelles; qui s'attaquent à toutes les idées reçues, à toutes les classes élevées, à tous les intérêts existants, et qui ébranlent le pays jusque dans ses fondements, parce que le peuple se lève tout à coup pour s'affranchir d'oppressions féodales, pour atteindre une aisance qui lui était refusée, pour conquérir des droits qu'il n'avait jamais possédés.

En Angleterre, la civilisation avait exécuté successivement en plusieurs siècles ce qui en France ne fut, pour ainsi dire, que l'ouvrage d'un jour (1).

Là est l'immense différence entre les deux révolutions; aussi, rien dans ces deux événements, excepté la catastrophe royale, ne saurait se comparer, ni les causes qui les produisirent, ni les effets qui en résultèrent.

La révolution anglaise ne changea ni les mœurs ni les institutions, et ne laissa après elle qu'une immense prétention nationale, connue sous le nom d'*acte de navigation* (2). Cromwell, qui pendant

---

(1) Voyez ces réflexions au commencement du chapitre précédent.

(2) Le fameux acte de navigation proposé par le conseil d'État au parlement de 1681.

cinq ans occupa la première place, parce que le fanatisme politique et religieux demandait un chef, ne put rien fonder. Il ne fut qu'un habile timonier pendant la tempête. Amené au pouvoir par les orages, le calme l'eût renversé. Au lieu de créer de nouveaux intérêts, il eut toujours à lutter contre ces vieilles coutumes de liberté qui étaient enracinées dans la nation (1). Aussi, quelle différence dans la popularité dont jouissent les hommes des deux révolutions ! Les conventionnels, qui en France avaient voté la mort de Louis XVI, furent employés comme ministres par un prince qui revenait ayant toute l'Europe pour soutien, tandis que Charles II, rappelé librement par le peuple, non-seulement fit mettre à mort les régicides et déterrer le squelette de Cromwell pour le pendre à un gibet, mais vingt-neuf ans plus tard, et lorsqu'une nouvelle révolution avait eu lieu, Ludlow (2), qui était revenu dans son pays, ne put y rester, et fut obligé de se soustraire par la fuite aux poursuites que le parlement dirigeait contre lui.

(1) Voyez Villemain, *Histoire de Cromwell*, page 382.
(2) Ludlow, qui avait voté la mort de Charles I*er*, et qui avait été exilé sous Charles II, revint après la révolution de 1688, et demanda à ervir dans la guerre d'Irlande ; Guillaume III voulait l'employer, l'animosité du peuple l'en empêcha.

Ces réflexions nous ont paru nécessaires pour expliquer l'enthousiasme avec lequel le peuple revint de lui-même à la royauté.

L'assemblée qui rappela Charles II fut le premier parlement libre qu'on eût convoqué depuis 1649; et ce qui est digne de remarque, c'est que le bill de convocation émanait des restes du long parlement, et excluait de l'assemblée politique ceux qui étaient ouvertement connus pour royalistes, ou qui avaient pris les armes en faveur de Charles I<sup>er</sup>, soit de son fils.

Ce qui se passa en Angleterre, en 1660, peut donc être considéré comme une véritable révolution, qui eut le peuple pour soutien, le parlement pour organe, et un général pour instrument. En effet, Monmouth, qui était resté neutre jusqu'au dernier moment (1), n'eût pas appuyé le retour du roi s'il n'eût jugé que cette restauration était alors dans les vues de la plus grande partie de la nation.

Quelque puissance matérielle que possède un chef, il ne peut disposer à son gré des destinées d'un grand peuple; il n'a de véritable force qu'en se faisant l'instrument des vues de la majorité.

(1) Voyez à l'appui de cette assertion, l'*Histoire de Cromwell*, par Villemain.

Henri VIII changea la religion du pays, parce que ce changement était déjà dans les idées et dans les intérêts du plus grand nombre ; sans cela il n'eût pas réussi. Les Stuart échouèrent dans la même tentative par des raisons contraires.

Le mouvement national était donc, en 1660, tout en faveur du rappel de Charles II, et tout concourait à lui concilier les esprits.

Ce prince, à l'âge de seize ans, avait combattu pour son père, et avait tenté de le sauver à la tête d'une partie de la flotte anglaise révoltée contre le parlement. Plus tard, il était venu l'épée à la main réclamer la couronne, et ne s'était soustrait qu'avec peine au bras vainqueur de Cromwell, après la bataille de Worcester. Rappelé par le vœu national, il se présentait avec de glorieux antécédents et l'intérêt qu'inspirent toujours des infortunes dont on a triomphé. Les grâces de son esprit, l'affabilité de ses manières prévenaient en sa faveur, et remplissaient tous les cœurs de joie et d'espérances. Mais, pendant l'exil, Charles II était devenu étranger aux mœurs, aux institutions, à la religion de son pays ; le malheur, qui retrempe les âmes ou les pourrit, avait usé son énergie ; il revenait avec des intérêts opposés aux partis qui le rappelaient, et il oublia qu'il ne retrouvait l'Angleterre calme que parce qu'elle était lasse, mais qu'elle était toujours divisée par « ces mêmes « questions de tolérance religieuse et de liberté « politique qu'il faut résoudre et qui ne se suppri- « ment pas (1). »

Quatre partis représentaient alors, sous une forme religieuse, autant de politiques différentes : les indépendants ou républicains, les presbytériens, qui, avec les autres sectes protestantes, formaient les non-conformistes; enfin les royalistes anglicans et les royalistes catholiques.

Les presbytériens avaient fait la révolution en s'alliant aux indépendants. Ils firent la contre-révolution en s'alliant aux anglicans; ils formaient donc avec le parti auquel ils s'adjoignaient la majorité de la nation.

Ne semble-t-il pas que la simple raison disait au roi de s'appuyer sur cette majorité, qui l'avait rappelé en favorisant ses désirs et sa religion? Ne devait-il pas chercher à cimenter l'union des non-conformistes et des anglicans, et profiter de l'élan national pour apaiser les dissensions, assurer les libertés de l'Angleterre par des lois sages, et sa puissance à l'extérieur par une conduite honorable?

Mais, par nature et par caractère, Charles II devait être opposé à une semblable politique.

(1) Villemain, *Histoire de Cromwell*, page 446.

Par nature, c'est-à-dire comme Stuart, il ne pouvait se fier aux presbytériens, qui étaient les auteurs de la révolution, ni aux indépendants, qui lui avaient donné une si fatale issue. Les anglicans et les catholiques lui semblaient donc les seuls soutiens naturels de son trône (1), car, en politique comme en physique, les corps ne s'attirent et ne se séparent que par une affinité ou une répulsion naturelle.

Par caractère, Charles II ne pouvait adopter un système de conciliation et de grandeur. Toutes les scènes qui avaient agité sa vie depuis son enfance, au lieu de créer en lui des convictions profondes, n'avaient produit que le doute de son cœur. Il méprisait les hommes et le destin; les hommes, parce qu'il voyait autour de lui des champions de tous les gouvernements, adulateurs successifs de la république de Cromwell et de la royauté; il méprisait le destin, parce qu'il ne voyait dans la suite de tant d'événements contraires qu'un jeu de la fortune. Pénétré de cet athéisme politique, il crut qu'une habile dissimulation suffirait pour tromper les hommes, et le sort pour conjurer tous les dangers. Il crut qu'en remplaçant les idées d'honneur

(1) Il ne put jamais vaincre ses répugnances contre Monk et l'amiral Montague, à cause de leurs antécédents républicains; et les anglicans même lui devinrent bientôt suspects.

et de gloire par le développement des intérêts matériels, en détruisant la foi par l'astuce, et les consciences par la corruption, il sortirait du dédale des passions politiques; quant à la nation, peu lui importait qu'elle s'y perdît.

Les acclamations qui avaient salué le retour du fils de Charles Ier retentissaient encore que déjà le roi avait mécontenté tous les partis. N'osant pas soutenir les vieux royalistes (appelés cavaliers), par crainte de froisser les hommes de la révolution; n'osant pas se fier à ces derniers par antipathie naturelle, il fut ingrat (1) par lâcheté et injuste par méfiance.

Les peuples ne devraient jamais se fier aux princes qui, pour monter sur le trône, ont besoin de tranquilliser les esprits par leurs déclarations, et de flatter les partis par leurs promesses; car la nécessité de semblables manifestes prouve assez qu'ils n'ont pas les mêmes intérêts que la nation, et que leur personne inspire des craintes que leur parole même ne saurait calmer.

La déclaration de Bréda portait sur deux petits

---

(1) Les royalistes, obligés de capituler dans la ville de Colchester, furent envoyés par Cromwell en Amérique, et vendus comme des nègres. Charles II, rendu à la puissance, oublia de les racheter.

Châteaubriand, *Mélanges historiques*, page 152.

points essentiels : licenciement de l'armée et amnistie générale.

L'armée fut en en effet licenciée, mais pour être aussitôt réorganisée. L'amnistie fut rendue nulle par de grandes exceptions ; l'Écosse et l'Irlande n'y furent pas comprises.

La crainte de l'anarchie fut exploitée avec ardeur par le gouvernement pour excuser des mesures arbitraires. Une émeute dans Londres, de quelques sectaires, fut le signal de persécutions contre les non-conformistes et les presbytériens. Un bill fut dressé pour la sûreté du roi et du gouvernement ; on ne s'y borna pas à punir les actions, on étendit les peines aux simples projets, aux écrits, aux opinions, jusqu'aux simples paroles. Toute *entreprise* contre la personne du roi fut qualifiée de crime de haute trahison. Ce mot *entreprise*, dit Boulay de la Meurthe (1), était assurément bien vague ; on l'eût remplacé par le mot attentat, comme nous l'avons vu de nos jours, que la loi n'eût pas été plus juste, ni le crime mieux défini.

Charles II n'avait qu'une seule préoccupation, c'était de trouver les moyens de se procurer assez d'argent pour payer ses inutiles dépenses : il réu-

---

(1) Boulay (de la Meurthe), *Histoire de Charles II*, tome i, page 60.

nissait le parlement, ne lui parlait de gloire nationale que dans le but de se faire accorder des subsides. Après avoir commencé par abandonner pour cinq millions Dunkerque à la France, il vendit au poids de l'or, à Louis XIV, les intérêts et l'honneur de son pays. Une telle conduite devait bientôt ramener le parlement et la nation à des sentiments hostiles, d'autant plus que la protection occulte qu'on accordait aux catholiques contribuait à augmenter la méfiance générale.

Pour faire diversion à ces sentiments, Charles résolut (1664) de faire la guerre à la Hollande, pays qu'il détestait, à cause des formes républicaines de son gouvernement, et auquel il reprochait de donner asile à ses sujets mécontents, oubliant que lui-même proscrit (1), y avait trouvé protection.

Cette guerre, qui avait commencé par caprice, finit par lassitude, après quelques victoires et quelques revers ; mais la paix, conclue en 1667 par le traité de Bréda, fut regardée par les Anglais comme déshonorante pour eux ; et comme si la Providence voulait marquer le règne du sceau de sa réprobation, la peste vint à cette époque dé-

(1) Boulay (de la Meurthe), *Histoire de Charles II*, tome I, page 98.

soler le royaume, et un incendie détruire une grande partie de Londres (1).

Tandis qu'en Angleterre le souverain usait toute son habileté à tendre des piéges et des embûches aux partis qui voulaient une politique honorable, en France, au contraire, il y avait un jeune roi qui ne pensait qu'à la gloire de son pays.

Louis XIV réclamait alors tous les Pays-Bas espagnols comme le patrimoine de sa femme, fille de Philippe IV, et s'était emparé, en courant, de la Flandre et de la Franche-Comté. Cette invasion inattendue avait effrayé l'Europe. La Hollande, quoique alliée de la France, voyait avec crainte un si redoutable voisin. L'empereur d'Allemagne se préparait à la guerre. La Suède redoutait l'alliance de la France et du Danemark, et l'opinion publique en Angleterre s'associait avec enthousiasme aux alarmes du continent. Le roi, obligé de se soumettre à ces manifestations, chargea sir William Temple, homme dont le patriotisme égalait la capacité, de conclure le traité de la Triple Alliance, qui opposait à la France les forces réunies de l'Angleterre, de la Suède et de la Hollande. Mais

(1) Il est curieux de remarquer que tous les règnes qui ont été funestes pour leur pays ont été signalés par quelque grand désastre, comme la peste ou l'inondation, l'incendie ou la famine.

Charles n'avait cédé qu'à contre-cœur à cette politique. Il s'apercevait tous les jours davantage que sa cause n'était pas celle de la nation, et qu'il ne pouvait régner qu'en s'appuyant sur une force étrangère qui lui donnât les moyens de dompter ses ennemis intérieurs, et de se passer, par la suite, de la représentation nationale.

Pour l'exécution d'un plan aussi dangereux, il fallait qu'il eût recours à tous les moyens que la ruse invente, que la politique admet, mais que la morale réprouve toujours.

Les gouvernements qui ne sont ni assez populaires pour gouverner par l'union des citoyens, ni assez forts pour les maintenir tous dans une oppression commune, ne peuvent se soutenir qu'en alimentant la discorde entre les partis.

Charles II, qui avait d'abord persécuté lui-même les non-conformistes, les livra ensuite aux persécutions des anglicans, afin, disait-il, qu'ils sentissent mieux le repos dont ils jouiraient si les catholiques avaient le dessus (1).

Il se félicitait de ses premiers succès dans cette voie tortueuse en disant à lord Essex : « *J'ai si* « *bien allumé la guerre entre le clergé anglican et* « *les non-conformistes, qu'ils ne s'aviseront pas*

---

(1) Mazure, tome I, page 88.

« *désormais de s'unir ensemble pour combattre*
« *mes desseins* (1). » Mais la perversité, quelque
habile qu'elle soit, a tort de se vanter de ses victoires passagères ; car, en dernier lieu, c'est la
justice seule qui triomphe. Les espérances de
Charles ne se réalisèrent pas dans la suite. La
crainte des dangers qui les menaçaient également,
l'antipathie commune pour les catholiques, engagèrent les non-conformistes à se réunir aux anglicans, afin de résister aux empiétements du pouvoir, et dès lors les embarras s'accrurent et l'opposition devint menaçante.

Dans le parlement de 1670, lord Lucas fit entendre cette accusation : « On avait tout espéré,
« s'écriait-il, du rétablissement du roi ; les sujets
« devaient être soulagés, la nation devait être
« heureuse et florissante, et au lieu de cela, jamais
« les charges n'ont été si pesantes, et la force
« réelle ; la gloire de l'Angleterre, diminue de jour
« en jour (2) ! »

Charles II avait signé le traité de la triple alliance avec la ferme intention de ne pas y rester
fidèle et d'abandonner lâchement ses alliés. L'empereur d'Allemagne lui avait offert d'entrer avec

(1) Boulay (de la Meurthe), tome I, page 135.
(2) Boulay (de la Meurthe), tome I, page 135.

lui dans cette alliance contre la France, et il avait refusé. Le duc de Lorraine lui avait fait la même offre, et lorsque celui-ci, attaqué et dépouillé par la France (1) à cause de cette offre, lui fit demander son assistance, il dit froidement que *c'était un malheur qu'il fallait supporter*.

Le roi a déjà divisé ses ennemis en les excitant entre eux ; maintenant le comble de sa coupable habileté sera de faire conclure des traités honteux par des hommes populaires, et de combattre le protestantisme avec des protestants. Dans ce but il aura toujours une double politique et un double conseil. Il combattra en dessous les mesures prises ostensiblement par ses ministres, fera tomber sur eux toute la responsabilité des embarras qu'il aura lui-même suscités, et rendra nulles à l'extérieur toutes les négociations de ses ambassadeurs, en s'arrangeant directement, par des agents secrets, avec les ennemis de son pays. Par le charme décevant de ses paroles il obtiendra le concours d'hommes nationaux à ses vues antinationales, ce qui lui donnera le double avantage de cacher la perfidie de ses projets par l'instrument dont il se servira, et de dépopulariser les hommes qui, dans l'opposition, seraient de dangereux chefs de parti.

(1) Louis XIV s'empara en quinze jours de la Lorraine, 1670.

C'est ainsi que Charles II fait présenter au parlement, en 1670, par le garde du grand sceau, Bridgeman, une demande de subsides, alléguant la nécessité d'armer contre la France et de soutenir la cause protestante, tandis qu'à l'insu de ce ministre, il fait dans le même temps assurer Louis XIV que sa flotte n'agira qu'avec la sienne, et qu'il n'augmente son armée de terre que pour maintenir les mauvaises passions de son pays et y établir le catholicisme.

C'est ainsi qu'il use ou dépopularise tous les hommes qu'il emploie; c'est avec la même duplicité qu'il va se servir de sir William Temple.

Mais il est un homme qui ne se laissera pas jouer par le roi, et qui se vengera, par une éclatante popularité et une véhémente opposition, de la participation qu'il aura prise à un pouvoir méprisable. C'est Ashley Cooper, comte de Shaftsbury, qui fut à la fois, sous ce règne, l'auteur des mesures les plus impopulaires et l'instigateur le plus fervent de la résistance des chambres et des lois les plus favorables à la liberté (1).

Cependant Louis XIV ayant promis au roi deux cent mille livres sterling, par an, à condition que

(1) C'est à lui qu'on doit la loi de l'*habeas corpus*, qui passa dans la session de 1679.

l'Angleterre aidât la France à la conquête de la république des Provinces-Unies, la guerre, pour la seconde fois, fut déclarée à la Hollande en 1672.

Fort de cette alliance, Charles fit revivre les lois martiales, qui avaient été formellement abolies par la pétition des droits ; il fixe des peines sévères contre les discours séditieux, et a recours à une nouvelle perfidie pour tromper les sentiments populaires. Les non-conformistes, qu'il a persécutés, et ensuite fait persécuter par les anglicans, il veut avoir l'air maintenant de les prendre sous sa protection, et publie un acte de tolérance qui n'a pour but que de favoriser le catholicisme.

Le parlement, convoqué en 1673, s'irrite au plus haut point de cette mesure, et représente au roi qu'il n'a pas le droit de suspendre des lois ; que l'acte de tolérance n'a pu être promulgué sans le consentement du parlement. Pour donner le change à ces remontrances, Shaftsbury a beau déployer toute son éloquence pour faire ressortir la nationalité de la guerre contre la Hollande, les chambres reviennent à l'exposition de leurs griefs, et d'ailleurs tous les cœurs anglais battaient déjà en faveur du jeune prince d'Orange, qui avait arrêté Louis XIV en opposant à ses armes victorieuses l'empereur, l'Empire et l'Espagne.

La position du gouvernement était grave : on

donnait au roi les conseils les plus imprudents, et un coup d'État devenait à craindre ; mais le caractère de Charles repoussait ces mesures extrêmes, qui forcent la tyrannie à la franchise. Il se rend au parlement, se donne l'air de céder de bonne grâce, et déchire l'édit qui soulevait tant de récriminations. Shaftsbury, ministre responsable et provocateur de cet acte impopulaire, sent que toute l'animadversion publique va retomber sur lui ; soudain il se retourne contre ses collègues, attaque avec toute la supériorité de son esprit et la force de son éloquence un plan de finances du grand trésorier, qu'il livre à la vindicte publique, et s'élance dans l'opposition en disant qu'un roi qui s'abandonne mérite d'être abandonné.

Le ministère fut dissous, le parlement fut satisfait, et le parti national crut avoir remporté une victoire importante; cependant les ministres seuls étaient changés, la politique devait rester la même. Le pays s'aperçut bientôt de cette vérité ; les prorogations successives des chambres lui démontrèrent que la cour redoutait l'expression du mécontentement soulevé par la guerre du continent, qui traînait en longueur.

Dans la session de 1674, les griefs de la nation se firent entendre avec force. Les communes déclarèrent, entre autres choses, que la religion de l'État était menacée par le mariage de l'héritier du trône avec une princesse qui ne professait pas le culte dominant : elles demandèrent quels étaient les perfides conseillers qui avaient fait rompre le traité de la triple alliance; par qui avait été conclu le dernier traité avec Louis XIV; si c'était pour intimider le parlement qu'on faisait camper l'armée aux portes de Londres. Enfin, disaient-elles, ces subsides que nous vous avons prodigués pour soutenir la puissance de l'Angleterre contre l'ambition de la France, à quoi ont-ils servi ? et pourquoi a-t-on fait la guerre aux états généraux sans notre avis ?

Ces plaintes énergiques prouvèrent au roi que le moment était venu de céder encore à l'opinion publique; personne ne savait mieux que lui dissiper l'orage par un retour simulé au désir des chambres. L'année précédente il avait déchiré l'acte de tolérance sans renoncer à ses projets en faveur du catholicisme; maintenant il va proposer la paix avec l'intention formelle d'être aussi utile à Louis XIV par sa neutralité que par sa coopération ; et de même que sa concession apparente sur la religion, de 1673, lui a permis de continuer une guerre impopulaire, de même la satisfaction qu'il donne en 1674 sur la politique étrangère lui permettra d'étouffer les plaintes sur les griefs intérieurs.

La paix fut conclue avec les états généraux, et le parlement se sépara joyeux d'y avoir contraint la cour, tant il est facile à un souverain de contenter une opposition parlementaire et de faire croire à sa bonne foi en trompant par ses promesses.

Pendant les quatre années qui s'écoulèrent jusqu'à la paix de Nimègue, les intrigues politiques de tout genre affligèrent l'Angleterre. D'un côté, le roi achetait les votes et les consciences, et éloignait tant qu'il pouvait les sessions du parlement, afin de ne pas être forcé à une politique plus active contre la France ; de l'autre, Louis XIV soldait de ses deniers et le roi et l'opposition des chambres, afin que les divisions intestines maintinssent l'Angleterre dans sa dépendance. L'honneur du pays était aussi à l'encan, et, au milieu de cette corruption universelle, l'intérêt national n'était plus qu'un navire battu par tous les vents, qui, sans gouvernail et sans pilote, n'a d'espoir que dans les flots qui le pousseront au port.

Cependant, l'inaction du gouvernement dans les affaires du continent excitait la défiance du peuple ; le roi offrit aux parties belligérantes sa médiation pour la paix, avec l'arrière-pensée de faire tourner cette médiation en faveur de la France. Pour mieux faire croire à la nationalité de ses projets, Charles II chargea encore sir William Temple d'aller à La Haye comme ambassadeur extraordinaire.

Ce ministre, véritable homme de bien, réfléchissant sur le malheureux succès du traité de la triple alliance, voulut, avant d'accepter cette nouvelle mission, connaître toute la pensée du roi et lui faire entendre la vérité. Il blâma la marche du gouvernement à l'intérieur comme à l'extérieur; il déclara au roi qu'il ne pouvait résister au vœu national et que ses troupes lui seraient insuffisantes à cet effet; enfin, il lui cita ce propos bien connu d'un homme pour qui Charles avait beaucoup d'estime : « Qu'un roi d'Angleterre serait le plus grand des rois s'il voulait être l'homme de son peuple ; mais qu'il ne serait rien s'il voulait être quelque chose de plus (1). » Le roi, qui savait mieux que personne couvrir sa dissimulation par les dehors de la franchise et l'abandon le plus gracieux, lui répondit en lui serrant la main : « Allez, partez! je veux être l'homme de mon peuple (2). »

Temple, convaincu, partit et fut indignement trompé. C'est ici l'endroit de remarquer combien il est regrettable que les hommes qui ont dans le cœur un grand amour pour la patrie, un grand désir de la voir puissante et respectée, consentent

---

(1) Hume, tome x, page 73.
(2) Mazure, tome 1, page 139.

à servir un gouvernement qui les fait les instruments de ses projets honteux. Fiers de leur capacité et de la pureté de leurs intentions, ils croient, en entrant dans les affaires, pouvoir imprimer une nouvelle marche à la politique ; mais leur volonté se brise contre une résistance plus forte. Ils ne sauvent pas le pouvoir qu'ils servent, et en le servant ils trahissent, contre leur gré, la cause qu'ils voudraient faire triompher.

Les négociations furent ouvertes et rompues plusieurs fois jusqu'en 1677, suivant les différentes chances de la guerre ; mais lorsque Louis XIV, qui avait lutté avec succès contre presque toute l'Europe, eut, en six semaines, pris les trois plus grandes places fortes des Pays-Bas, cette nouvelle conquête alarma l'Angleterre, et le parlement demanda qu'on fît une alliance offensive et défensive avec les états généraux. A cette époque, le prince d'Orange vint en Angleterre pour arracher Charles II à l'influence de la France.

Le roi le reçut avec empressement, lui donna sa nièce en mariage, et lui promit de déclarer la guerre à la France, s'il n'obtenait pas pour la Hollande une entière satisfaction. Mais en même temps il faisait avertir Louis XIV par son ambassadeur qu'il ferait tous les sacrifices possibles pour rester en paix avec lui : « Car, disait-il à Barillon, j'aime mieux dépendre du roi, votre maître, que de mon peuple (1). »

Ainsi prévenu, Louis XIV élude toutes les feintes menaces des ambassadeurs, augmente ses prétentions et poursuit ses conquêtes.

Cependant le roi rassemble de nouveau le parlement le 15 janvier 1678, parle du danger où se trouve la Hollande, obtient deux millions de livres sterlings de subsides pour armer quatre-vingts vaisseaux, lève en six semaines vingt mille hommes et les envoie en Flandre. Temple concerte avec les Provinces-Unies des mesures rigoureuses contre la France. En six jours, cet habile négociateur conclut un traité qui oblige l'Angleterre à déclarer la guerre, si Louis XIV ne s'engage pas à abandonner dans deux mois la Flandre et la Belgique. On s'apprête à renouveler la lutte en Angleterre et en Hollande. La nation croit que son honneur va être vengé et ses intérêts dignement pris à cœur ; mais bientôt on apprend que tout est changé, que, par l'entremise d'un agent subalterne, Charles s'est entendu avec les puissances, que Temple a été trompé, l'Angleterre trahie, et que les cours de France, de Suède, d'Angleterre sont tombées d'accord à Nimègue sur les conditions de la paix.

(1) Mazure, *Histoire de la révolution de 1688*, tome I, page 201.

Six millions, en effet, avaient acheté la neutralité de Charles, la promesse de ne point rassembler le parlement pendant six mois et de licencier l'armée. Le traité de Nimègue (1678) conservait à la France presque toutes ses conquêtes; il blessait également les intérêts de la Hollande, de l'Espagne, de l'Allemagne et de l'Angleterre. Charles II eût pu être l'arbitre de l'Europe, il préféra être le tributaire et l'esclave de Louis XIV.

La connaissance de ce traité irrita profondément la nation anglaise. Elle se disait : Voilà donc le résultat de tous nos sacrifices depuis dix-huit ans ! Les sommes immenses que nous avons votées pour l'équipement de nos flottes et pour le maintien d'une aussi grande armée de terre n'ont servi qu'à notre déshonneur et à la perte de notre influence en Europe.

« Tandis que l'Espagne, la Hollande, l'Empire et
« les princes d'Allemagne, dit Hume, appelaient
« l'Angleterre à haute voix pour les conduire à la
« victoire, à la liberté, et tendaient à la rendre
« plus glorieuse qu'elle n'avait jamais été, son roi,
« par de vils motifs, l'avait secrètement vendue à
« Louis XIV et s'était laissé corrompre pour trahir
« les intérêts de son peuple (1). »

---

(1) Hume, tome x, page 61.

Ce fut le moment le plus glorieux du règne de Louis XIV et le plus humiliant du règne de Charles II, car le roi de France ne lui donnait rien pour l'Angleterre en échange de sa condescendance ; au contraire il mettait des droits sur les marchandises anglaises, ce qui était alors une innovation (1), et interdisait le commerce des vaisseaux anglais avec le commerce de Gênes (2) ; ce qui prouve que la lâcheté ne profite jamais.

La paix de Nimègue avait terminé les différends de la Grande-Bretagne avec le continent ; mais Charles n'était pas au bout de ses épreuves ; il sera, jusqu'à sa mort, en butte aux dédains de Louis XIV, en proie à la factieuse hostilité du parlement, et sans cesse menacé par les conspirations et les soulèvements populaires.

Rien ne signale mieux l'état de malaise d'une société que lorsqu'un incident imprévu et léger en lui-même vient tout à coup éveiller tous les esprits, exalter toutes les passions et amener des résultats que, dans des temps ordinaires, les plus grands événements seuls seraient capables de produire.

La protection accordée au parti catholique par le roi, avec tant de persévérance et de dissimula-

---

(1) Hume, tome x, page 397.
(2) Mazure, tome i, page 371.

tion, avait inspiré une telle crainte et une telle méfiance à la nation, qu'un jour elle écouta avec une faveur marquée et une crédulité surprenante un homme vulgaire et de mœurs impures, qui vint dérouler les improbables secrets d'un complot papiste contre le pays et l'État ; et cette vague déclaration, qui ne reposait que sur le dire d'un homme sans foi, conduisit à l'échafaud lord Stafford et d'autres victimes de cette infernale machination.

Puis, lorsque cet orage fut passé, les conspirations du parti populaire commencèrent et allèrent chercher leurs chefs parmi les anciens ministres du roi, et jusqu'à son propre fils, et lords Russell et Sidney et tant d'autres, payèrent de leur tête le désir trop hâtif de liberté.

Puis enfin, le roi crut que la décomposition sociale était parvenue à un terme qui lui permît d'exécuter le projet qu'il méditait depuis vingt ans. Il cassa le parlement à Oxford et régna sans contrôle.

S'il manquait de faits patents pour juger Charles II, on aurait déjà une juste idée de sa funeste influence en considérant comme il employa les hommes qui le servirent et comment il les sacrifia toujours aux intérêts mobiles du moment ; Clarendon, auquel il devait en grande partie sa couronne, est abandonné par lui à l'animadversion du parlement et exilé. Charles néglige le vertueux Ormond, abuse du dévouement de Temple, et, vers la fin de son règne, c'est à Jeffreyes qu'il donne avec affection (1) des marques de sa confiance, parce que ce chef de justice possédait l'utile talent de plier et de torturer les lois à toutes les iniquités. Le propre de tout gouvernement est de communiquer à ceux qui le servent son reflet et sa couleur; aussi Charles II rapetissait tous les hommes, et flétrissait par ses missions des caractères qui, mieux employés, eussent fait de grands citoyens. Par exemple, Churchill est envoyé par lui à Louis XIV pour stipuler le prix de la dépendance de la couronne anglaise, et le même Churchill, alors négociateur d'un ignoble traité, c'était Malborough, dont Guillaume III et la reine Anne surent autrement diriger les talents pour la gloire leur pays.

Charles II maintint pendant vingt-cinq ans un pouvoir qui avait commencé au milieu des acclamations bruyantes de la joie, et qui finit au milieu du silence d'une morne douleur. Elle est triste, l'histoire d'un règne qui ne se signale que par des procès politiques et des traités honteux, et qui ne laisse après lui au peuple qu'un germe de révolution, et aux rois qu'un exemple déshonorant.

(1) Il le combla d'honneurs, et lui donna une bague avec affection, lorsqu'il partait pour procéder à des jugements iniques.

« On se demande, dit M. Boulay (de la Meurthe),
« comment un règne si honteux put durer si long-
« temps? C'est, ajoute-t-il, que le souvenir de l'é-
« poque précédente était encore trop général et
« trop vif, et que le parti royaliste, d'ailleurs nom-
« breux, puissant et bien uni, en profitait habile-
« ment ; c'est que les amis de la liberté, quoique
« bien plus nombreux, ne furent jamais d'accord
« ni sur les moyens à employer ni sur le but de
« leurs efforts ; c'est que les transactions les plus
« odieuses de Charles furent ignorées de son vi-
« vant ; c'est que sa fausseté couvrait la perfidie
« de ses vues ; c'est que la lâcheté le fit reculer
« plus d'une fois à propos devant l'orage prêt à
« l'écraser. »

Charles II mourut en 1685. « Il y a eu, dit en-
« core Boulay (de la Meurthe), des princes plus mé-
« chants et plus sanguinaires que lui, sans doute,
« mais aucun peut-être qui ait porté plus loin le
« mépris de ses devoirs et de sa dignité. Au de-
« hors il aurait pu remplir un rôle important et
« glorieux ; il lui suffisait pour cela de profiter des
« circonstances et de répondre au noble élan de la
« nature. Au dedans, il se trouva souvent, il est
« vrai, dans une position si embarrassante que,
« quoi qu'il fît, il lui était difficile de ne pas exci-
« ter beaucoup de mécontentement ; mais la diffi-

« culté de cette position était en grande partie son
« propre ouvrage. Il ne faut pas oublier que, rap-
« pelé par l'immense majorité de la nation, et sans
« le secours d'aucune force étrangère, il se trou-
« vait à son retour investi d'une confiance et d'un
« pouvoir plus que suffisant pour calmer ce qu'il
« y avait encore d'aigreur et réconcilier tous les
« esprits. Il ne lui fallait pour cela qu'un peu de
« sagesse dans les vues, un peu de générosité dans
« le caractère, un peu de franchise et de fermeté
« dans la conduite. »

« Personne, dit Temple dans ses mémoires,
« n'était plus aimable et d'un accès plus facile ;
« loin d'être imposant ou réservé, il n'avait pas
« le moindre levain d'orgueil ni de vanité.
« C'était le plus affable et le plus civil des hom-
« mes. Il traitait moins ses sujets comme des
« vassaux et des tenanciers que comme autant de
« seigneurs, de gentilshommes et de particuliers
« libres. Le tour de ses compliments était plausi-
« ble, et toutes ses manières engageantes. Il
« prenait de l'empire sur les cœurs dans le temps
« même qu'il perdait l'estime de ses sujets, et sou-
« vent il les mettait dans l'incertitude entre leur
« jugement et leur inclination (1). »

(1) Hume, tome x, page 148.

Mais M. de Chateaubriand peint plus philosophiquement que tout autre, dans ses Mélanges historiques, le règne de Charles II. « Ce prince, dit ce
« grand écrivain, fut un de ces hommes qui se
« placent quelquefois entre deux périodes histori-
« ques, pour finir l'une et commencer l'autre,
« pour amortir les ressentiments, sans être assez
« forts pour étouffer les principes; un de ces
« princes dont le règne sert comme de passage ou
« de transition aux grands changements d'institu-
« tions, des mœurs et d'idées chez les peuples;
« un de ces princes tout exprès créés pour rem-
« plir des espaces vides, qui, dans l'ordre politi-
« que, séparent souvent la cause de l'effet. »

## CONCLUSION.

Résumons dans ce dernier chapitre les causes de la décadence des Stuart et de la grandeur de **Guillaume III**.

Les descendants de l'infortunée reine d'Écosse avaient reçu de la nature des qualités brillantes : ils possédaient même cette affabilité de manières qui séduit les cœurs; Guillaume était sec, froid, réservé.

Le règne des Stuart commença toujours sous les plus heureux auspices; tout semblait leur sourire. Guillaume, au contraire fut, dès les premiers jours entouré de dangers et de difficultés sans nombre. Pourquoi les premiers tombèrent-ils avec tant de chances de succès, tandis que le second triompha avec tant de chances de mort?

Les Stuart arrivèrent au trône à une époque où les progrès de la civilisation avaient divisé l'Angleterre en deux parties distinctes : les intérêts anciens, forts de la consécration du temps; les intérêts nouveaux, forts de l'ascendant de la raison.

Au lieu d'allier ces deux intérêts nationaux, ils ne soutinrent que les anciens droits et commencèrent la lutte. Cependant le bien général ne pouvait résulter que de la fusion intime de ces deux causes; et comme toute fusion a besoin de feu pour se produire, ce fut la guerre civile qui se chargea d'accélérer, sous les Stuart, un résultat que Guillaume obtint par son patriotisme et son génie.

Les Stuart se trouvaient toujours dans une position fausse. Représentants officiels du protestantisme, ils étaient catholiques au fond du cœur. Représentants obligés d'un système de liberté et de tolérance, ils étaient absolus par instinct. Représentants des intérêts anglais, ils étaient dévoués ou vendus à la France.

Guillaume, au contraire, était véritablement, par nature et par conviction, ce qu'il représentait sur le trône.

Par la manière dont le prince d'Orange établit son autorité, il devait avoir un avantage marqué sur les Stuart. Ce n'était pas Charles I$^{er}$ et Jacques II, héritant d'un pouvoir déjà déconsidéré et avili; ce n'était pas non plus Charles II, appelé par l'accord momentané des partis opposés, obligés d'être ou leur jouet ou leur oppresseur. C'était le fondateur d'un nouvel ordre de choses dont l'établissement avait été hâté par son courage et son habileté.

L'origine d'un pouvoir influe sur toute sa durée, de même qu'un édifice brave les siècles ou s'écroule en peu de jours, suivant que sa base est bien ou mal assise.

En général, les révolutions conduites et exécutées par un chef (1) tournent entièrement au profit des masses; car, pour réussir, le chef est obligé d'abonder entièrement dans le sens national, et, pour se maintenir, il doit rester fidèle aux intérêts qui l'ont fait triompher; tandis, qu'au contraire, les révolutions faites par les masses ne profitent souvent qu'aux chefs, parce que le peuple croit le lendemain de sa victoire son ouvrage achevé, et qu'il est dans son essence de se reposer longtemps de tous les efforts qu'il lui a fallu pour vaincre.

Ainsi donc, Guillaume III, qui, par son illégitimité, repoussait toute solidarité avec les règnes précédents, qui, par sa personne et ses hauts faits, était le chef de sa cause et de la révolution, qui,

(1) Il est clair que je ne parle que des révolutions qui ont lieu dans les pays libres, où la force morale a plus d'empire que la force physique.

enfin, par son élection libre, avait acquis un droit incontestable, avait posé profondément dans le sol anglais les bases de son trône.

Considérons maintenant la conduite personnelle de ces différents souverains.

Les Stuart avaient du courage, de l'esprit, de la persévérance; mais ils employaient ces qualités à s'opposer aux besoins de leur peuple et au rebours des circonstances.

Ils résistaient là où il fallait céder, et ils cédaient là où la résistance était un devoir.

Ils n'avaient de persévérance que dans leur haine, jamais dans leur affection, et une fois entraînés sur la pente révolutionnaire, ils manquèrent toujours de cette vertu qui seule peut sauver dans les grands périls, l'élan du cœur.

On peut gouverner une société tranquille et régulière avec les seuls dons de l'esprit; mais lorsque la violence a remplacé le droit, et que la marche méthodique de la civilisation a été rompue, un souverain ne regagne le chemin qu'il a perdu qu'en prenant de ces grandes et subites résolutions que le cœur seul inspire.

Lorsque Charles I$^{er}$, résistant au torrent révolutionnaire, était bloqué dans Oxford, en 1644, par l'armée parlementaire, ce n'était pas en discutant minutieusement les prérogatives de la couronne et les droits du parlement, qu'il pouvait regagner son influence perdue; mais en prenant une de ces grandes décisions qui étonnent par leur audace et plaisent par leur grandeur même, comme, par exemple, de se jeter dans Londres, seul, de sa personne, en se confiant à la générosité du peuple (1).

Lorsque Jacques II apprit les projets hostiles du prince d'Orange, ce n'était pas en implorant le secours de Louis XIV qu'il pouvait raffermir sa couronne, mais en faisant appel à la fidélité d'un parlement libre, et en tenant au pays ce langage élevé qui vibre si bien du haut d'un trône.

Une lutte ne peut se soutenir qu'à armes égales; et lorsque, dans le tourbillon des révolutions, le vice et la vertu, la vérité et l'erreur se confondent par leur emportement mutuel, ce n'est que par les passions généreuses de l'âme qu'on dompte les passions haineuses des partis.

Mais les Stuart avaient sur les lèvres ce que

(1) Les craintes de nos ennemis nous montrent, quelquefois mieux que nos propres sentiments, nos véritables intérêts. En 1644, le parlement crut que le roi avait l'intention de venir se mettre dans Londres à la tête du peuple de la Cité, qui lui était dévoué ; il fut saisi d'une terreur panique, et prit les mesures les plus énergiques pour empêcher Charles I<sup>er</sup> de réaliser un projet que d'ailleurs il n'eut jamais. (Voyez Guizot, tome II, page 44.)

Guillaume avait dans le cœur; ils possédaient cette politesse du vice qui imite les vertus qu'on n'a pas, tandis que Guillaume avait cette rudesse de la vertu qui dédaigne tout fard et tout éclat d'emprunt.

Le protestantisme était devenu, en Angleterre, depuis le seizième siècle, l'emblème de tous les intérêts nationaux. Pour être puissants à l'intérieur comme à l'extérieur, les Stuart n'avaient qu'à se mettre partout franchement à la tête de cette cause; loin de là, ils l'abandonnèrent au dehors et mirent tous leurs efforts à la dompter au-dedans.

Mais il n'y a jamais eu, chez les peuples libres, de gouvernement assez fort pour réprimer longtemps la liberté à l'intérieur sans donner de gloire au-dehors. Aussi la marche du gouvernement des Stuart se manifestait par des contradictions journalières qui violaient tantôt les règles de la justice, tantôt les règles de la politique.

Charles Ier, tout en abandonnant en Europe la cause protestante, ne pouvait empêcher qu'on ne recrutât chez lui des partisans et des soldats pour Gustave-Adolphe, ce héros du protestantisme.

Charles II était obligé, pour satisfaire à l'opinion publique, de donner sa nièce au prince d'Orange, chef de la ligue protestante.

Jacques II, quoique catholique et persécuteur, fut contraint à donner asile aux victimes de la révocation de l'édit de Nantes.

De sorte que les Stuart réveillaient sans cesse les sympathies en faveur de la cause qu'ils voulaient sacrifier, et leur protection, loin d'être un signe de leur générosité, était une preuve de leur faiblesse et de leur lâcheté.

Mais on ne viole pas impunément la logique populaire. Maintenir la paix en réveillant des symboles de guerre; protéger les persécutés en faisant cause commune avec les persécuteurs; charger le peuple d'impôts, pour faire assister les flottes et l'armée à des traités honteux; tendre journellement tous les ressorts du pouvoir, sans même garantir le repos public; voilà les inconséquences dont le peuple, tôt ou tard, devait leur demander compte.

Toujours en état d'hostilité envers la nation, les Stuart recouraient tour à tour aux lois et aux hommes, aux choses les plus saintes ou les plus profanes, comme à des armes pour attaquer ou pour se défendre.

Se servant des ministres protestants pour rétablir le catholicisme, et envoyant les catholiques à l'échafaud; se servant des hommes politiques pour abaisser le parlement, et les abandonnant ensuite aux vengeances parlementaires, ils étaient constamment entravés dans leurs projets, constamment entraînés dans une voie opposée à leurs désirs, et semblaient ne pas avoir de but parce qu'ils n'osaient avouer le leur.

Les Stuart ne cherchaient jamais par l'application de quel grand principe, par l'adoption de quel grand système ils pouvaient assurer la prospérité et la prépondérance de leur pays; mais par quels expédients mesquins, par quelles intrigues cachées ils pouvaient soutenir leur pouvoir toujours dans l'embarras.

Ils ne cherchaient jamais *par quoi*, mais *par qui* ils pouvaient se maintenir, mettant ainsi toujours l'intérêt privé à la place de l'intérêt général, les questions de personnes à la place des questions de principes, et l'intrigue à la place de hautes conceptions politiques.

Guillaume, au contraire, mettait sous ses pieds tous les obstacles, et faisait concourir toutes les opinions diverses comme tous les individus opposés à un seul but, l'intérêt du pays.

Les Stuart ne faisaient la guerre que pour soutenir par un peu de gloire leur pouvoir chancelant.

Guillaume la faisait pour accroître l'influence de l'Angleterre.

Après les défaites, les Stuart demandaient la

paix; Guillaume ne l'acceptait qu'après la victoire.

Le plus grand reproche qu'on puisse faire aux deux derniers Stuart, c'est d'avoir toujours été les esclaves de Louis XIV. Lorsqu'ils se trouvaient dans l'embarras, ils en appelaient à l'appui de l'étranger, oubliant que souvent on pardonne tout à un souverain, excepté de ne pas être de son pays.

Tous les hommes, grands et petits, placent leur honneur quelque part. Les Stuart le plaçaient comme une relique dans l'arche sainte des prérogatives royales. Guillaume plaçait le sien dans la fierté nationale.

Ici-bas, tous les hommes sont plus ou moins acteurs; mais chacun choisit son théâtre et son auditoire, et met tous ses efforts comme toute son ambition à obtenir le suffrage de ce parterre de son adoption; semblables à Alexandre, qui, sur les bords de l'Indus, pensait à l'approbation des Athéniens comme à la plus belle récompense de ses travaux.

Les Stuart n'ambitionnaient que l'éloge d'une faction et d'un souverain étranger. Guillaume, au contraire, mettait sa gloire à mériter l'approbation de la postérité.

Tandis que les premiers ne savaient pas profiter

des biens de la terre sous un ciel sans nuages, le second savait récolter pendant la tempête.

Les Stuart rassemblaient le parlement pour le tromper, Guillaume pour le convaincre. Les premiers cassaient ou prorogeaient les chambres toutes les fois qu'elles parlaient d'honneur national ou de liberté; le second les cassait lorsqu'elles étaient animées de passions réactionnaires ou de sentiments opposés à la gloire du pays.

Les Stuart régnaient par la dissimulation et l'intrigue; Guillaume gouvernait par la franchise. Les Stuart faisaient toujours grand bruit de leurs alarmes, pour cacher leurs coupables espérances. Guillaume avouait hautement ses espérances, pour dissiper les alarmes.

Pendant que les Stuart hésitaient, Guillaume marchait.

Pendant que les Stuart, dominés par la foule, ne voyaient autour d'eux que confusion, Guillaume avait déjà aperçu le but, s'était élancé et avait entraîné la foule après lui.

L'exemple de ces malheureux rois prouve que lorsqu'un gouvernement combat les idées et les vœux d'une nation, il produit toujours des résultats opposés à ses projets.

Les Stuart voulaient rétablir le catholicisme ; ils l'anéantirent pour des siècle en Angleterre. Ils voulaient relever la royauté ; ils la compromirent. Ils voulaient assurer l'ordre, et ils n'amenèrent que bouleversements sur bouleversements. Il est donc vrai de dire que :

*Le plus grand ennemi d'une religion est celui qui veut l'imposer ; le plus grand ennemi de la royauté, celui qui la dégrade ; le plus grand ennemi du repos de son pays, celui qui rend une révolution nécessaire.*

Guillaume III réussit à fermer le gouffre des révolutions et à assurer les destinées de l'Angleterre, par cela seul que sa conduite fut tout l'opposé de celle des Stuart ; car s'il eût suivi les mêmes errements et marché sur les mêmes traces, il eût compromis tout ce qu'il consolida.

Considérons en effet ce qui serait résulté si le prince d'Orange, après avoir détrôné Jacques II et violé le principe d'hérédité, eût accepté la couronne du dernier parlement de Jacques II, et qu'au lieu de convoquer une convention nationale, expression libre de la volonté populaire, il n'eût ainsi tenu son autorité que d'une assemblée bâtarde qui n'avait aucun droit de la lui donner.

Supposons qu'au lieu de déchirer les traités des Stuart, il eût imploré comme eux l'appui et la bienveillance d'une puissance étrangère.

Supposons qu'au lieu de soutenir, les armes à

la main, la cause protestante sur le continent, il l'eût abandonnée.

Supposons que, sans venger l'Angleterre de tous les affronts qu'elle avait reçus, il eût conservé dans Londres une armée permanente plus nombreuse que les troupes de Jacques II, pour intimider le parlement et pour subir des humiliations étrangères; qu'au lieu de poursuivre un grand but, il n'eût fait, comme les Stuart, que des expéditions inutiles, pour tromper l'ardeur militaire et faire diversion à l'opinion publique.

Supposons qu'au lieu de s'appuyer sur des intérêts généraux, il eût blessé également les intérêts anciens et les intérêts nouveaux; qu'il eût été, comme les Stuart, parjure et aux hommes qui l'avaient secondé et aux promesses qu'il avait sanctionnées dans son manifeste; qu'au lieu de tenir aux chambres un langage plein de dignité, il n'eût fait appel qu'aux sentiments vulgaires, qu'aux passions basses et aux craintes de l'anarchie revendiquant avec elles la responsabilité des actes tyranniques des règnes précédents (1).

Supposons, enfin, qu'au lieu d'assurer la cause de la révolution de 1688, il l'eût trahie; qu'au lieu

---

(1) Si, par exemple, le parlement eût revendiqué la responsabilité de l'assassinat juridique de lords Russell et Sidney, au lieu de réhabiliter leur mémoire, comme il le fit.

de relever le nom anglais, il l'eût avili; qu'au lieu de soulager le peuple, il l'eût accablé d'impôts, sans augmenter ni sa gloire, ni son commerce, ni son industrie; qu'il eût restreint les libertés, sans même garantir l'ordre public. Certes, une nouvelle révolution serait devenue une impérieuse nécessité. Car les sociétés ne subissent pas ces bouleversements qui compromettent souvent leur existence, pour changer de chef sulement; elles s'ébranlent pour changer de système, pour guérir leurs souffrances; elles réclament impérieusement le prix de leurs efforts, et ne se calment que lorsqu'elles l'ont obtenu.

Guillaume III satisfit aux exigences de son époque et rétablit la tranquillité publique; mais s'il eût suivi la politique des Stuart, il eût été renversé, et les ennemis de la nation anglaise, en voyant encore de nouveaux besoins de changements, eussent accusé le peuple d'inconséquence et de légèreté, au lieu d'accuser les gouvernants d'aveuglement et de perfidie; ils eussent dit que l'Angleterre était une nation *ingouvernable;* ils l'eussent appelée, comme Jacques II la nomma dans ses mémoires, une *nation empoisonnée.* Mais, en dépit de ces accusations, la cause nationale, tôt ou tard, eût triomphé, car Dieu et la raison eussent été pour elle!

Disons en terminant qu'il résulte de l'étude des époques que nous avons rappelées des principes clairs, précis et applicables à tous les pays.

L'exemple des Stuart prouve que *l'appui étranger est toujours impuissant à sauver les gouvernements que la nation n'adopte pas.*

Et l'histoire d'Angleterre dit hautement aux rois :

Marchez a la tête des idées de votre siècle, ces idées vous suivent et vous soutiennent.

Marchez a leur suite, elles vous entraînent.

Marchez contre elles, elles vous renversent.

# PIÈCES A L'APPUI.

## I.

*Adresse de la haute chambre au prince d'Orange, pour lui déférer le gouvernement provisoire.*

Nous, lords spirituels et temporels assemblés, dans cette conjoncture, supplions Votre Altesse de se charger de l'administration des affaires publiques, tant civiles que militaires; de prendre la disposition des revenus publics pour la conservation de notre religion, des droits, lois, libertés et propriétés, et de la paix de la nation, et de vouloir porter un soin particulier à l'état présent de l'Irlande, pour prévenir promptement le danger qui la menace.

Nous supplions aussi Votre Altesse de se charger de l'administration jusqu'à l'assemblée d'une *Con-*

*vention* pour le 22 janvier (2 février, style grégorien), dans laquelle nous ne doutons point que l'on ne prenne les mesures nécessaires à l'établissement de toutes choses sur un fondement sûr et légitime, afin d'empêcher qu'elles soient jamais enfreintes à l'avenir.

Donné dans la chambre des lords, à Westminster, le 25 décembre 1688 (5 janvier 1689, style grégorien) (1).

La chambre des communes fit une adresse entièrement semblable.

## II.

Déclaration de la Convention nationale, qui investit Guillaume et Marie de la royauté, et limite le pouvoir royal.

Le jour pris pour la cérémonie (24 février 1689), Guillaume et Marie étant sur des siéges placés sur une estrade en forme de trône, les deux chambres en corps s'étant présentées devant eux, le clerc de la couronne lut, en leur nom, une adresse, où, après l'énumération des principaux griefs reprochés à Jacques, il était dit :

(1) Mazure, tome III, p. 295.

« Les pairs et les communes du royaume, ras-
« semblés en corps complet et représentatif de
« toute la nation, agissant, comme leurs ancêtres
« l'ont fait en pareille circonstance, pour le main-
« tien de leurs anciens droits, déclarent :

« Que de suspendre l'exécution des lois ou d'en
« dispenser ; de lever de l'argent sur les sujets, ou
« d'employer l'argent accordé à un autre usage
« que celui pour lequel il l'a été ; de lever ou de
« garder sur pied une armée dans le royaume en
« temps de paix ; de créer des cours ou commis-
« sions pour les affaires ecclésiastiques ; ce sont,
« de la part de la couronne, lorsqu'elle agit ainsi
« sans le concours du parlement, autant de choses
« illégales et pernicieuses ;

« Que c'est un droit des sujets de présenter des
« requêtes au roi, sans que l'exercice de ce droit
« puisse jamais donner lieu à aucun emprisonne-
« ment ni poursuite ; que les élections du parle-
« ment doivent être libres ; que la liberté des dis-
« cussions ou des procédures dans le parlement ne
« peut jamais être l'objet d'aucune délibération,
« ni d'aucune question hors du parlement ;

« Que les sujets protestants peuvent avoir des
« armes, selon leurs conditions, et comme il est
« permis par les lois ;

« Que la nomination et le rapport des jurés doi-

« vent se faire sans fraude, et que les jurés choisis
« pour les procès de haute trahison doivent avoir
« des terres en propre ;

« Qu'on ne doit pas exiger des cautions exces-
« sives, ni imposer d'amendes exorbitantes, ni
« ordonner de punitions cruelles et inusitées ;

« Que toutes promesses d'amendes ou de confis-
« cation sur des particuliers, avant leur convic-
« tion, sont illégales et nulles ;

« Que, pour le maintien ou la correction des
« lois, pour le redressement des abus, il doit y
« avoir de fréquents parlements ;

« Qu'ils insistent sur tous et chacun de ces ar-
« ticles, comme sur autant de droits qui leur ap-
« partiennent, et auxquels il n'aurait jamais dû
« être porté aucune atteinte ;

« Que, dans la confiance où ils sont que Son Al-
« tesse, achevant l'ouvrage qu'elle a si glorieuse-
« ment commencé, les maintiendra dans tous ces
« droits, et les préservera de tous autres attentats
« contre leur religion, leurs lois et leurs libertés,
« ils ont résolu et résolvent :

« Que Guillaume et Marie, prince et princesse
« d'Orange, soient déclarés roi et reine d'Angle-
« terre, etc., pour posséder la couronne et la di-
« gnité royale pendant leur vie et la vie de celui
« des deux qui survivra, et que le seul et entier

« exercice du pouvoir royal reste dans la main du
« prince d'Orange, au nom desdits prince et prin-
« cesse, pendant qu'ils seront tous deux en vie ;
« et qu'après leur décès, ladite couronne et di-
« gnité royale appartiendra aux héritiers issus du
« corps de ladite princesse, et, au défaut d'une
« telle lignée, à la princesse Anne de Danemark
« et aux héritiers issus de son corps, et au défaut
« d'une telle lignée, aux héritiers procréés dudit
« prince d'Orange ;

« Qu'ils supplient le prince et la princesse
« d'Orange de vouloir l'accepter *conformément*. »

Le prince répondit : « Nous acceptons la cou-
« ronne que vous nous offrez ; et comme je n'avais
« point d'autre intention en venant ici que de
« conserver votre religion, vos lois et vos libertés,
« vous pouvez être assurés que je m'efforcerai de
« les maintenir, et que je serai toujours prêt à con-
« courir de tout mon pouvoir à tout ce qui sera
« du bien-être et de la gloire de cette nation. »

Ainsi fut formé le contrat entre la nation et son nouveau roi ; ainsi se termina en Angleterre cette célèbre révolution de 1688 (1).

(1) Boulay (de la Meurthe), tome II, page 191.

# ANALYSE

DE LA

# QUESTION DES SUCRES.

# PRÉFACE.

Fort de Ham, août 1842.

On a déjà tant dit et tant écrit sur les avantages et les inconvénients de la fabrication du sucre indigène, qu'au premier abord la discussion semble épuisée. Cependant, comme la plupart des hommes qui ont élevé la voix pour ou contre cette industrie étaient directement intéressés dans la question, on peut leur reprocher d'avoir mis trop de partialité dans l'exposé de leur sujet, trop de feu dans la défense de leur cause, et Montesquieu l'a dit : *la passion fait sentir, mais jamais voir.*

Néanmoins deux ouvrages remarquables m'ont servi de guides : l'un, intitulé *des Colonies sucrières et des sucreries indigènes*, est un véritable traité sur la matière dû au talent et au patriotisme de M. Lestiboudois, député du département du Nord; l'autre est l'*Examen de la question des Sucres*, par M. Molroguier, l'un des chefs distingués de l'administration des contributions indirectes, où tout ce qui a rapport aux impôts et à leur perception est traité avec une grande supériorité.

Je ne me vante donc point d'avoir marché sans devanciers vers l'issue d'un labyrinthe où tant d'intérêts se croisent en tous sens; mais j'espère avoir analysé et présenté sous son véritable jour une question que les partisans de la liberté du commerce se plaisent à déplacer et à obscurcir. Je crois avoir été impartial; la prospérité des colonies ne m'est pas moins à cœur que le développement de l'industrie indigène, et si d'un côté la fabrication du sucre a droit à toutes mes sympathies comme création impériale, d'un autre côté je ne puis oublier que ma grand'mère, l'Impératrice Joséphine, est née dans ces îles où retentissent aujourd'hui les plaintes contre la concurrence des produits de la métropole. D'ailleurs, quelque gloire que je mette à défendre les fondations de l'Empereur, ma vénération pour le chef de ma famille n'irait jamais jusqu'à me faire préconiser ce que ma raison repousserait comme nuisible à l'intérêt général de ma patrie.

Si je croyais l'invention d'Achard contraire au bien-être du plus grand nombre, je l'attaquerais malgré son origine impériale; je suis citoyen avant d'être Bonaparte.

Je me suis efforcé avant tout d'appuyer mes raisonnements sur des chiffres officiels; et quoique ma position particulière ait dû nuire à un travail qui exige des recherches étendues et des communications fréquentes avec les hommes versés dans les questions industrielles, j'ai pu me procurer tous les documents publiés par le gouvernement; on peut donc attaquer mes raisonnements, mais non l'authenticité de mes chiffres. Au reste, quelque imparfait que soit cet écrit, s'il contribue à éclaircir la discussion et à gagner quelques voix à la cause d'une industrie que je regarde comme une source féconde de prospérité pour la France, je remercierai le ciel de m'avoir permis, même dans la captivité, d'être utile à mon pays, comme je le remercie tous les jours de me laisser sur ce sol français, objet de tout mon amour, et que je ne veux quitter à aucun prix, pas même pour la liberté.

Napoléon Louis Bonaparte.

# ANALYSE

DE LA

# QUESTION DES SUCRES.

---

### CHAPITRE PREMIER.

#### HISTORIQUE, ETAT DE LA QUESTION.

La lutte de l'Angleterre contre la révolution française avait eu pour résultat la perte de nos colonies et la ruine de notre commerce maritime. Notre gêne était d'autant plus sensible que la guerre nous interceptait des denrées devenues de première nécessité, comme le sucre et le café, et des produits importants pour l'industrie, comme le coton, l'indigo et la cochenille.

Il fallait combattre et sur terre et sur mer. Aboukir, Trafalgar fermèrent la mer à notre valeur et à notre commerce. Alors le chef du gouvernement français prit une de ces résolutions qu'un grand homme seul peut concevoir et accomplir, il voulut transporter les colonies en Europe en chargeant la science de trouver dans nos climats les équivalents des produits de l'équateur.

L'entreprise paraissait impossible. Elle réussit complétement. La denrée la plus importante des Indes occidentales, le sucre, est devenue un produit français.

Par le décret du 25 mars 1811, l'Empereur ordonna que 32,000 hectares seraient consacrés à la culture de la betterave, et il mit un million de francs à la disposition du ministre de l'intérieur pour encourager cette industrie, ainsi que la culture du pastel, qui devait remplacer l'indigo. Non-seulement il reconnut les efforts des industriels par des récompenses pécuniaires, mais il les paya encore d'une autre monnaie toute française, l'honneur. Le 2 janvier 1812, M. Benjamin Delessert notamment reçut la croix de la Légion d'honneur, comme prix des succès qu'il avait obtenus dans la fabrication du sucre.

Cependant les sarcasmes parisiens accueillaient la précieuse découverte, et les hommes qui doutent toujours de l'inconnu se riaient de cette nouvelle conception du génie.

Mais tandis qu'à Paris on tournait en ridicule

la betterave, les Anglais la prenaient aux sérieux et cherchaient tous les moyens d'en étouffer les résultats à leur naissance. On lit dans le *Journal de l'Empire*, du 11 avril 1811, l'article suivant :
« Un fait important que publie le célèbre chimiste
« prussien, M. Achard, prouve combien les An-
« glais sont inquiets des mesures prises par l'em-
« pereur Napoléon pour remplacer le sucre de
« canne. Sous le voile de l'anonyme, il a été pro-
« posé à M. Achard, d'abord en 1800, une somme
« de 50,000 écus ; puis, en 1802, une autre
« de 200,000, s'il voulait publier un ouvrage
« dans lequel il avouerait que son enthousiasme
« l'a égaré, que ses expériences en grand lui ont
« démontré la futilité de ses premiers essais, et
« qu'il a enfin acquis la conviction très-désagréa-
« ble que le sucre de betterave ne pourrait sup-
« pléer à celui de canne. L'honneur et le désinté-
« ressement qui caractérisent M. Achard lui fi-
« rent, comme de raison, repousser ces offres in-
« sultantes. »

Cette tentative n'ayant pas réussi, les Anglais eurent recours à un autre expédient. Ils firent écrire par le célèbre chimiste sir Humphrey Davy (1), qui ne devait rien ignorer de ce qui

(1) Le fait est rapporté dans la brochure de M. Matthieu de Dombasle, sur le sucre de betterave, page 9.

avait rapport à la science (*Traité de Chimie agricole*, publié en 1815), que la betterave donnait un *sucre amer*, le forçant ainsi à sacrifier sa conscience de savant à son patriotisme de citoyen.

En effet, l'intérêt de l'Angleterre s'opposait à ce que le sucre devînt un produit continental. Assise entre l'Europe et l'Amérique, la Grande-Bretagne veut être l'entrepôt des marchandises du monde. Ses innombrables bâtiments se chargeant de la plus grande partie des transports, elle cherche à favoriser l'échange des *produits naturels* de chaque pays, à condition de leur donner en retour ses *produits manufacturés*.

Ainsi, en général, toute nouvelle industrie continentale lui fait éprouver une double perte. Elle remplace sa fabrication et diminue ses transports maritimes.

En 1815, l'édifice napoléonien semblait devoir tout entier tomber avec l'Empereur; mais la base descendait trop avant dans les profondeurs du sol français. Les grandes créations demeurèrent debout : le Code Napoléon, l'organisation de la justice, des finances, de l'armée, de l'administration, de l'instruction publique, résistèrent au choc. La découverte du sucre de betterave survécut aussi.

Reléguée d'abord dans un coin de la France, la

fabrication indigène y vécut inoffensive et inconnue, ayant presque l'air de se dérober aux regards pour faire oublier son origine, et subissant le sort du drapeau d'Austerlitz, qui, comme elle, obligé de se cacher, conservait cependant aussi tout un avenir de gloire.

La restauration, il faut le reconnaître, plus intelligente des intérêts de la France que le gouvernement qui lui succéda, sut protéger à la fois et les colonies et l'industrie sucrière, fille de l'Empire. Elle seconda la fabrication indigène en l'exemptant d'impôts, en mettant des droits sur les sucres coloniaux. Elle favorisa la production d'outre-mer comme celle de la métropole, en facilitant leur exportation et en élevant à des taux prohibitifs le tarif des sucres étrangers.

Mais depuis 1830, la destruction de la fabrication indigène, aussi bien que la ruine des colonies, semble un système arrêté, conçu avec machiavélisme, poursuivi avec persévérance. Il est facile de s'en convaincre.

En 1830 les fabriques ne livraient à la consommation que sept millions de kilogrammes de sucre de betterave ; la science aidant, les procédés se perfectionnèrent avec rapidité, et les récoltes doublèrent presque d'année en année.

Les colonies, de leur côté, qui en 1816 n'avaient importé en France que 17,677,000 kilogrammes de sucre, avaient tellement accru leur fertilité, qu'en 1831 elles envoyèrent dans nos ports près de 88,000,000 de kilog. (*Voyez tableau A à la fin du livre.*)

Or, que fit le gouvernement à la vue de cette production toujours croissante des colonies et des fabriques? Il sembla mettre tous ses efforts à encombrer davantage le marché, en fermant les débouchés et en introduisant au milieu des deux productions rivales un troisième concurrent, le sucre étranger qu'il favorisa : 1° en baissant la surtaxe (1); 2° en abolissant les primes d'exportation; 3° en fixant le rendement des sucres raffinés étrangers au même taux que le rendement des sucres français.

Les résultats sont faciles à constater.

En 1832 il était entré dans les ports de France 3,439,624 kilogrammes de sucre étranger, et les exportations de sucres raffinés s'étaient élevées à 22,111,600. En 1841, il est entré 21,511,816 kil.

(1) DROITS.

| ANNÉE DE LA LOI. | SUR LES SUCRES COLONIAUX. | SUR LES SUCRES ÉTRANGERS. | SURTAXE. |
|---|---|---|---|
| 27 juillet 1822 | 45 | 95 | 50 |
| 26 avril 1833 | 45 | 85 | 40 |
| 1840 | 45 | 65 | 20 |

de sucre étranger, et les exportations de sucres raffinés se sont réduites à 10,808,500 kil. (*Voyez le tableau A.*)

Avant de passer à l'examen des diverses modifications qu'a subies la législation des sucres, établissons un fait. Le mauvais état de la richesse coloniale remonte à une époque antérieure au développement de la fabrication indigène. Cette position a toujours forcé les colonies à livrer les sucres plus cher que les Antilles anglaises, et elles n'ont joui de quelques bénéfices sous la restauration qu'en obtenant la proscription presque entière du sucre étranger. On lit dans le rapport de l'enquête faite en 1829 par ordre du gouvernement la phrase suivante . « Lorsque la restau-
« ration nous rendit nos colonies, les cultures s'y
« trouvaient ruinées et les planteurs écrasés de
« dettes. L'Angleterre avait garanti leur tranquil-
« lité, mais s'était peu inquiétée de leur fortune.
« Ses tarifs avaient soumis les produits de la Mar-
« tinique et de la Guadeloupe à des droits plus
« forts que celui des provenances des Antilles
« anglaises. *Cette longue dépression est une des
« causes qui influent encore aujourd'hui sur la
« cherté de la production.* »

C'est cette cherté de production qui obligea les colonies, en 1820, à se plaindre de la baisse qui avait eu lieu, et à exiger une augmentation de la surtaxe sur les sucres étrangers. Quoique cette surtaxe fût alors de 27 fr. 50 cent. par cent kilogrammes (elle est aujourd'hui de 20 fr.), elles déclarèrent ne pouvoir supporter la concurrence ni lutter contre les sucres de l'Inde (1). En 1822, leurs réclamations devinrent encore plus véhémentes, et cependant à cette époque leur production venait de surpasser de onze millions de kilogrammes les récoltes de 1820 ; les importations des sucres étrangers s'étaient réduites de huit millions à trois. « Que manquait-il donc aux co-« lons ? s'écrie M. le comte d'Argout, rapporteur « de l'enquête de 1829 ; et il ajoute : *Des prix* « *de vente semblables à ceux de* 1816 *et* 1818. » Là, en effet, gît la difficulté. Le prix du sucre était tombé de 93 fr. à 74 par 50 kil. en 1820, et à 63 fr. en 1822 ; les plaintes des planteurs des Antilles décidèrent le gouvernement à porter la surtaxe à 50 fr. Les colons, se croyant sûrs de rester maîtres absolus du marché français, donnèrent un développement exagéré à leurs forces productives, et remplacèrent dans beaucoup d'endroits leurs plantes à café par les cannes à sucre ; mais cette substitution se faisant dans des lieux

(1) Même rapport.

les moins favorables à cette culture et à l'aide d'emprunts onéreux, leur prix de revient dut nécessairement rester toujours à un taux élevé. L'enquête de 1829 prouve clairement cette substitution, que les chiffres officiels suivants attestent également.

## ÉTAT COMPARÉ DES CULTURES DES COLONIES (1).

| DÉSIGNATION DES CULTURES. | | NOMBRE D'HECTARES EN CULTURE. | | |
|---|---|---|---|---|
| | | 1826 | 1836 | 1839 |
| **MARTINIQUE.** | Sucre | 17,621 | 23,777 | 19,814 |
| | Café | 3,861 | 2,917 | 2,463 |
| | Coton | 720 | 249 | 165 |
| | Cacao | 491 | 464 | 389 |
| | Vivres et autres cultures | 9,403 | 12,710 | 14,382 |
| | Totaux des terres cultivées | 32,096 | 40,117 | 37,213 |
| **GUADELOUPE.** | Sucre | 22,909 | 24,573 | 20,984 |
| | Café | 6,964 | 5,838 | 6,914 |
| | Coton | 2,208 | 1,027 | 1,076 |
| | Cacao | 68 | 179 | 124 |
| | Girofle | » | » | 2 |
| | Tabacs | » | » | 23 |
| | Vivres | 10,202 | 13,141 | 16,060 |
| | Totaux des terres cultivées | 42,351 | 44,758 | 45,183 |
| **GUYANE.** | Sucre | 797 | 1,571 | 1,305 |
| | Café | 473 | 188 | 156 |
| | Coton | 1,877 | 2,746 | 2,389 |
| | Cacao | 373 | 197 | 167 |
| | Girofle | 1,291 | 829 | 1,179 |
| | Poivre et muscade | » | » | 124 |
| | Rocou | » | » | 2,657 |
| | Vivres | 7,713 | 6,235 | 4,154 |
| | Totaux des terres cultivées | 12,524 | 11,766 | 12,131 |
| **BOURBON.** | Sucre | 8,241 | 14,530 | 22,405 |
| | Café | 8,909 | 4,179 | 5,733 |
| | Coton | 66 | » | » |
| | Cacao | 59 | 28 | 74 |
| | Girofle | 3,500 | 2,980 | 2,761 |
| | Tabacs | » | » | 610 |
| | Vivres | 44,800 | 43,985 | 38,403 |
| | Totaux des terres cultivées | 65,575 | 65,702 | 69,986 |

(1) Ces renseignements sont extraits des *Annales maritimes et co-*

En 1826, quoiqu'il n'y eût plus alors de concurrence étrangère, et qu'il n'y eût pas encore de concurrence intérieure, ce fut contre la surabondance de leur propre production qu'il fallut protéger les colonies. L'excédant de nos entrepôts avait amené la baisse des prix (*Rapport Ducos*, page 5, 1839. Le gouvernement accorda, par la loi du 17 mai, une prime de 120 francs d'exportation par cent kilogrammes de sucre raffiné, ce qui eut pour effet de créer aux sucres coloniaux raffinés en France un débouché à l'étranger, et de protéger à la fois les colonies, les raffineurs et l'industrie naissante de la betterave. Ainsi donc, à trois époques différentes et *avant l'intervention réelle de la betterave*, il y a eu trois crises ou baisses de prix qui avaient eu pour cause deux fois la concurrence étrangère, et une troisième fois l'excès de production des

---

*loniales*. — M. le baron Charles Dupin, dans sa brochure intitulée : *La vérité des faits*, page 44, dit que loin de pouvoir accuser Bourbon d'avoir détruit les plantations de café pour y substituer la canne à sucre, ses caféries se sont augmentées d'un quart en superficie. Ce résultat ressort en effet de la comparaison de l'année 1819 avec l'année 1838 ; mais si l'on compare entre elles les années qui ont suivi 1827, on acquiert la conviction que les caféries ont diminué à Bourbon de près d'un tiers dans l'espace d'environ dix ans, et que la canne à sucre a envahi un grand nombre d'hectares, autrefois consacrés à d'autres cultures.

colonies; mais il importe de le bien signaler, l'exclusion des produits étrangers ou la surexcitation de nos exportations remédia promptement au mal.

Depuis 1830 une seule préoccupation a dominé toutes les autres, l'intérêt du trésor, et dans ce but on a refoulé sur le marché français la production indigène et coloniale, afin de tuer l'une par l'autre, et toutes les deux par le sucre des Indes.

Dès 1832 cette intention se manisfesta.

Quoique la production indigène fût encore très-limitée, puisqu'elle ne livrait que douze millions (kil.) de sucre, M. le comte d'Argout, ministre du roi, proposa de mettre un impôt de 5 francs par cent kilogrammes sur le sucre de betterave. Ce projet fut repoussé par les chambres. En 1833 on supprima les primes d'exportation, et cette mesure eut des effets qu'il est nécessaire d'examiner.

En substituant purement et simplement à la sortie des sucres raffinés les droits qu'ils ont payés en entrant à l'état brut, sans différence d'origine, on favorise les produits étrangers.

En effet, 100 kilogrammes de sucre brut produisent ou *rendent* de 70 à 75 kilogrammes de sucre raffiné. Cette différence ou déchet s'appelle le *rendement*. Si on soumet les sucres étrangers au même rendement que les sucres coloniaux, en leur accordant à la sortie les droits payés d'après *le tarif de leur provenance,* comme ils sont meilleur marché, les raffineurs préfèrent leur emploi à tout autre, et l'écoulement de nos produits se trouve restreint. C'est ce qui arriva, parce qu'on mit les produits étrangers sur le même pied que les nôtres, au lieu de suivre l'exemple de l'Angleterre, où le sucre étranger n'obtient jamais à la sortie après raffinage la restitution entière du droit qu'il a payé, mais le droit équivalent au sucre colonial anglais.

Il y a encore une autre considération.

Si le chiffre du rendement est fixé trop haut, les raffineurs reçoivent moins qu'ils n'ont payé, et l'exportation leur est interdite ; si au contraire on le fixe un peu plus bas que le déchet réel, on encourage les exportations par une espèce de prime déguisée. Or, si les sucres français jouissaient seuls de ce bénéfice, il y aurait avantage pour le pays à diminuer le taux du rendement ; mais si les sucres étrangers sont appelés à en profiter, il arrive que sur cent kilogrammes il en reste chez les raffineurs une certaine quantité qui a échappé à tout impôt.

Pour ceux qui croiraient que ce changement a été introduit sans préméditation des résultats qu'il devait amener, nous rapportons le passage

suivant du rapport de M. Passy, le 4 mars 1833 :
« La substitution du *drawback* à la prime chan-
« gera toutes les situations respectives. Dès qu'on
« ne restituera plus aux sucres exportés que le
« montant intégral des droits acquittés à l'entrée,
« *les sucres étrangers, à cause de l'infériorité*
« *des prix auxquels ils arrivent aux entrepôts,*
« *offriront seuls des chances de bénéfice aux ex-*
« *portateurs, et pour les sucres de nos colonies se*
« *fermeront complétement les débouchés extérieurs*
« *qui jusqu'à présent en ont soutenu la valeur.* »
« Que deviendront, ajoute le député de l'Eure,
« les vingt millions de kilogrammes que nos co-
« lonies produisent en sus des besoins de la con-
« sommation nationale ? Dans l'état d'esclavage
« où vit la population noire, les colons ne pour-
« ront ni la laisser un moment sans ouvrage, ni
« lui trouver immédiatement un nouvel emploi.
« Tout leur commandera de persister dans leurs
« travaux, et ce ne sera qu'en se résignant à livrer
« *à très-bas prix* leurs récoltes qu'ils en trouve-
« ront l'écoulement. A quel taux descendront les
« sucres coloniaux ? Il serait hasardeux de le pré-
« dire ; mais à coup sûr *la baisse sera énorme et*
« *le contre-coup s'en fera ressentir aux sucres de*
« *betterave.* »

Nous pouvons encore citer les paroles de M. Du-

cos ; quoiqu'elles aient été prononcées quelques années plus tard, la question est la même. Il s'exprime ainsi dans son rapport, page 63, en 1839 : « La nouvelle combinaison de nos tarifs ne ré-
« servera *pas beaucoup de chances d'exportation*
« *aux sucres coloniaux*. Ils ne produiront pas aux
« raffineurs français le même avantage que les
« sucres étrangers, dont le prix devra être pro-
« portionnellement plus bas, et qui jouissent
» d'ailleurs à la sortie d'un drawback beaucoup
« plus élevé. »

Continuons à analyser les actes du gouvernement. En 1833, on mit un droit plus élevé sur le sucre brut *blanc* des colonies, c'est-à-dire qu'on empêcha le perfectionnement du sucre colonial, pour lui conserver plus de *pesanteur transportable*. A ce sujet, M. Molroguier remarque très-bien, dans son examen sur la question des sucres, que ce fut une mesure plus digne d'un siècle de barbarie que des lumières de notre époque. « Au-
« tant vaudrait, dit-il, forcer les colons d'intro-
« duire des pierres ou des métaux dans le sucre,
« pour en augmenter le poids. »

Enfin pour clore la liste de toutes ces mesures, aussi hostiles aux colonies qu'au sucre de betterave, on baissa de 10 fr. la surtaxe sur le sucre étranger. Concluons. Les crises qui ont affligé les deux industries françaises n'avaient rien d'extraordinaire; elles étaient prévues par le gouvernement et par les commissions des Chambres.

L'encombrement est donc venu, en grande partie, du sucre étranger, et le calcul suivant en fournit la preuve évidente; ajoutez, d'une part, les deux productions coloniale et indigène, d'une autre la consommation intérieure et les exportations de sucres coloniaux, tant bruts que raffinés; faites la soustraction; vous trouverez que depuis 1834, époque de la suppression des primes, une faible quantité de sucre serait restée sans écoulement, si le sucre étranger ne fût pas venu prendre la place de nos produits dans les entrepôts, dans les exportations, et même dans la consommation.

Total, pendant sept ans (de 1834 à 1840), des importations des sucres des colonies et de la récolte des sucres indigènes. . . 820,445,171 kil.

Total, pendant la même période, de la consommation intérieure et des exportations de sucres coloniaux, tant bruts que raffinés. . . . . . . . . . . . . . 777,543,427 kil.

Reste, au delà de la consommation. . . . . . . . . . . . . 42,901,744 kil.

*Report*. . . . . 42,901,744 kil.

Quantité peu considérable et qui n'eût pas créé un grand encombrement, puisqu'elle ne s'élève qu'à environ six millions de kilogrammes par an.

Mais si on ajoute à ce chiffre la quantité de sucre étranger arrivé pendant la même période, et qui se monte à. . . .   78,736,586 kil.

On a pour la quantité de sucre qui n'a pas pu trouver d'écoulement. . . . . . . . . . . . . . . 121,638,330 kil.
ou plus de dix-sept millions de kilogr. par an.

Si la question avait été présentée de cette manière, on aurait sans doute évité bien des chocs d'intérêts; mais cela n'aurait pas fait l'affaire des hommes qui veulent à tout prix la suppression de la betterave. Pour donner le change aux esprits, on la rendit seule responsable du malaise et des perturbations. Au lieu d'éclaircir la question, on a donc fait tout au monde pour l'obscurcir; au lieu de concilier les intérêts opposés, on s'est plu à les exciter les uns contre les autres. Suivons la marche des faits.

En 1835, la demande d'un droit sur le sucre

indigène fut encore reproduite aux Chambres, et écartée ; ce ne fut qu'à la troisième tentative, le 18 juillet 1837, que le droit de fabrication de 11 f. par cent kilogrammes, fut adopté définitivement, pour être mis en pratique le 1er juillet 1838.

Puis enfin, le 1er juillet 1839, on mit le complément d'impôt de 5 francs 50 cent.

C'était un grand pas de fait. D'un côté on avait coupé les ailes à la fabrication indigène, et de l'autre on était parvenu à persuader aux colonies et aux ports de mer que leur prospérité dépendait de la ruine de la betterave.

Ce qui prouve combien les colonies se trompaient, c'est que cet impôt, qui restreignit de moitié la production du sucre indigène, qui fit fermer cent soixante-six fabriques, n'apporta aucun avantage aux colonies. La baisse des prix continua, et amena la crise de 1839, qui nécessita les arrêtés des 15 et 27 mai des gouverneurs de la Martinique et de la Guadeloupe, permettant d'exporter les sucres par tout navire et à toute destination. Cette mesure fut suivie en France par l'ordonnance de dégrèvement du 21 août 1839, ordonnance qui, par parenthèse, était illégale (1), et

(1) L'article 34 de la loi du 17 décembre 1814 dit formellement que des ordonnances du roi pourront, en cas d'urgence, diminuer les

qui dégrévait le sucre colonial de 13 fr. 20 c. Or, ces mesures ne produisirent qu'une perturbation plus grande, car les arrêtés des gouverneurs déterminèrent une hausse sur les lieux de production, tandis que l'attente du dégrèvement, et le dégrèvement lui-même, continuèrent la baisse sur les marchés français (1).

Ainsi donc, sans diminuer l'état de malaise des colonies, on avait accumulé dans l'espace de treize mois les charges suivantes sur la fabrication indigène :

|  | En principal et décime et par 100 kilogrammes. | |
|---|---|---|
| Impôt établi le 1ᵉʳ juillet 1838. | 11 fr. | |
| Complément d'impôt du 1ᵉʳ juillet 1839 | 5 | 50 c. |
| Dégrèvement du sucre colonial par l'ordonnance du 21 août 1839. | 13 | 20 |
| Différence totale au préjudice de la production indigène. | 29 | 70 |

Le résultat de ces mesures fiscales et des lois

droits sur les matières premières et nécessaires aux manufactures. Or le sucre des colonies n'est, certes, pas une matière première nécessaire aux manufacturiers.

(1) M. Ducos, dans son rapport du 2 juillet 1839, dit qu'à cette époque les prix du sucre étaient plus élevés sur les marchés étrangers que sur les nôtres, ce qui ne s'était jamais vu depuis vingt-cinq ans. Cette hausse provenait de la mavaise récolte de la Louisiane et de l'émancipation des nègres aux Antilles anglaises.

anticoloniales, dont nous avons parlé, devait être une ruine presque complète des deux industries ; mais par un de ces hasards favorables aux choses humaines, les sucres des colonies, qui depuis 1834 n'étaient plus exportés à l'état raffiné qu'en très-petite quantité, commencèrent depuis cette époque à être exportés des entrepôts à l'état brut (Voy. p. 114). Cette circonstance diminua un peu l'encombrement; et le sucre indigène de son côté soutint avec une fermeté extraordinaire le fardeau dont on le greva.

En 1840 on rétablit l'ancien tarif sur le sucre colonial, et on exhaussa de 10 francs en principal l'impôt sur le sucre indigène. Le droit fut donc porté à 27 fr. 50 c., décime compris, par cent kilogrammes. On diminua encore la surtaxe sur les sucres étrangers de 20 francs, et on abaissa leur rendement, qu'en 1839 on avait élevé à 75 p. 0/0, à 70 0/0, taux du rendement français. N'était-ce pas protéger leur importation et leur exportation au détriment des produits nationaux?

On espérait que tous ces changements si brusques ruineraient les fabricants français, ou du moins feraient désirer la suppression avec indemnité à la plupart d'entre eux. L'habileté du gouvernement avait été d'amener deux adversaires à formuler tous les deux les mêmes vœux.

En effet, en 1841, les pétitions affluaient de toutes parts. Les colonistes disaient : « Tuez-les, » et les betteravistes répétaient avec une humilité toute chrétienne : « Tuez-nous. » Il n'y avait plus qu'à prononcer la sentence et à payer les frais d'enterrement ; mais souvent le dernier obstacle à franchir est le plus difficile. Au moment où la loi sur la suppression avec indemnité allait être portée aux Chambres, l'opinion publique s'émut, et des rapports alarmants parvinrent sans doute aux oreilles des ministres. On dut leur dire : « Quelques grands fabricants enrichis ou quelques « petits fabricants endettés attendent l'indemnité « avec impatience ; mais les véritables fabricants, « ceux qui ont surmonté par leurs efforts et par « les secours de la science tous les obstacles que « la nature et le gouvernement mettaient au dé- « veloppement de leur industrie ; mais les cent « mille bras intéressés à la fabrication qui leur « donne du pain, mais les huit départements « principaux pour lesquels cette industrie est une « source féconde de prospérité, ne verront pas « avec calme votre vandalisme s'accomplir, et si « vous persistez dans votre projet, craignez le « mécontentement populaire. » Ces mots touchè-rent bien des cœurs : il y en a tant que la peur seule rend sensibles! et la loi des sucres fut ajournée à la prochaine session.

Telles sont les péripéties que l'industrie du sucre de betterave a subies depuis trente ans. Repoussée dans le principe parce qu'elle n'avait, disait-on, aucune chance de vie, on l'attaqua avec fureur dès qu'elle parut puissante et promit trop de chances de développement.

Avant d'analyser ses avantages et ses inconvénients, constatons plusieurs faits :

1° Le gouvernement a toujours manifesté les mêmes intentions hostiles à son égard en lui adressant les mêmes reproches, soit qu'en 1832 elle ne produisît que 12 millions de kilogrammes de sucre, soit qu'en 1837 elle en produisît 50 millions, soit qu'en 1841 elle n'en produisît plus que 26 millions.

2° Malgré la répugnance des chambres, l'action incessante du gouvernement l'a emporté, et, contre toute espèce de justice, les fabricants de sucre ont passé brusquement, et sans transition, d'un régime de liberté et d'encouragement au régime le plus dur, l'impôt sur la fabrication.

3° La restriction imposée à l'industrie indigène n'a profité qu'au sucre étranger, qui est venu remplacer sur nos marchés ce que nos fabriques ont produit de moins. C'est donc en sa faveur, et non dans l'intérêt de nos colonies, que se poursuit l'anéantissement de la betterave.

4° Quant aux colonies, leur position est identiquement la même depuis 1820. Pour assurer leur prospérité, il faudrait élever très-haut le prix des sucres sur le marché français, condition opposée à l'intérêt général, et impraticable tant qu'il existera concurrence intérieure ou étrangère, tant que les colonies ne seront pas seules à approvisionner la France. La cause de leur ruine n'est donc pas la betterave. En 1820 et 1822, lorsque l'industrie sucrière était encore dans l'enfance, ne faisaient-elles pas entendre les mêmes plaintes contre le sucre étranger? Le mal qui les ruine remonte donc à nos guerres maritimes, aux mesures fiscales du gouvernement; il tient à la nature du sol et au monopole maintenu avec obstination. Il y a donc urgence à relâcher les liens qui les attachent à la mère-patrie.

La question réduite à sa plus simple expression est celle-ci : La France, en comptant les dix-millions de kilogrammes qu'elle exporte, consomme 120 millions de sucre, nos colonies nous en fournissent 80 millions; il reste donc 40 millions pour compléter l'approvisionnement total. Si l'on supprime la fabrication indigène, ces 40 millions nous viendront de l'étranger. La hausse de prix qu'on espère ne sera que momentanée, les sucres exotiques, qui entrent déjà en immense quantité, entreront bien davantage, surtout si on baisse encore la surtaxe (1); les prix fléchiront, les plaintes des colonies éclateront, comme avant 1830, contre la concurrence des produits de l'Inde, et nous aurons détruit une industrie française au profit seul de l'étranger. La maintenir est donc une question de nationalité.

Envisagée sous ce point de vue, une plus ample discussion nous paraîtrait oiseuse; mais comme il faut prendre le problème tel qu'il a été posé, nous sommes conduits à considérer sous le point de vue de la prospérité générale de la France :

L'intérêt de l'industrie indigène ;

L'intérêt des colonies ;

L'intérêt des consommateurs.

(1) La pétition des négociants du Havre en fait déjà mention.

## CHAPITRE II.

#### INTÉRÊTS.

Toute question doit être envisagée sous le triple rapport des intérêts, du droit et de la justice.

Les intérêts soulevés par cette discussion se rattachent *à l'agriculture, à l'industrie, aux colonies, à la marine, au trésor*, et enfin *aux consommateurs*. Avant de passer à l'analyse de ces différents sujets, examinons l'importance réelle de la fabrication indigène.

NOMBRE DE FABRIQUES ET CULTURE DE LA BETTERAVE EN 1840 (1).

| NOMS des départements. | NOMBRE de fabriques en activité. | NOMBRE d'hectares ensemencés en betteraves. | PRODUCTION annuelle de betteraves en quintaux métriques (100 k.) | VALEUR de la production annuelle en francs. |
|---|---|---|---|---|
| Nord............ | 155 | 12,241,03 | 5,145,599 | 8,391,458 |
| Pas-de-Calais....... | 74 | 7,162.76 | 2,316.123 | 3,835,302 |
| Aisne............ | 36 | 3,358.88 | 859,742 | 1,547,726 |
| Somme........... | 36 | 5,106,37 | 1,084,734 | 2,102,343 |
| Puy-de-Dôme...... | 12 | 1,029,18 | 286,927 | 376,257 |
| Oise............. | 7 | 1,101,72 | 274,275 | 405,540 |
| Moselle........... | 6 | 501,53 | 135,441 | 249,475 |
| Côte-d'Or......... | 6 | 461,92 | 76,264 | 152,528 |
| Isère............. | 5 | 754,00 | 155.540 | 309,115 |
| Meurthe.......... | 5 | 460,40 | 98,003 | 196,006 |
| Haute-Saône...... | 4 | 229,37 | 37,105 | 74,210 |
| Seine-et-Oise...... | 4 | 1,628,86 | 391,781 | 1,427,363 |
| Loiret............ | 3 | 467,10 | 83,925 | 204,396 |
| Seine............ | 3 | 1,326,82 | 421 981 | 843,962 |
| Seine-et-Marne..... | 2 | 650,91 | 148,047 | 249,659 |
| Charente-Inférieure.. | 2 | 193,00 | 24,955 | 75,985 |
| Drôme........... | 2 | 1,177,39 | 270,408 | 540,816 |
| Jura............. | 2 | La statistique agricole n'indique rien p. ce dép. | | |
| Saône-et-Loire..... | 2 | 335,21 | 97,004 | 147,793 |
| Allier............ | 2 | 129,50 | 19,860 | 39,720 |
| Loir-et-Cher....... | 2 | 211.29 | 34 018 | 85,046 |
| Ardennes.......... | 1 | 141,84 | 42,066 | 63,099 |
| Ariége........... | 1 | La statistique agricole n'indique rien p ce dép. | | |
| Bouches-du-Rhône.. | 1 | 307,00 | 67,230 | 134,460 |
| Calvados.......... | 1 | 193,77 | 136,824 | 248,317 |
| Côtes-du-Nord..... | 1 | 89,00 | 16.000 | 32 000 |
| Eure-et-Loir....... | 1 | 248.80 | 46,154 | 92.308 |
| Haute-Garonne..... | 1 | 86,04 | 11,665 | 29,082 |
| Indre............ | 1 | 257,48 | 33,807 | 130,778 |
| Loire............ | 1 | 50,00 | 5,748 | 11,496 |
| Meuse............ | 1 | 164,24 | 34,460 | 68,920 |
| Orne............. | 1 | 83,66 | 10,117 | 21,829 |
| Bas-Rhin......... | 1 | 1,942.50 | 446,186 | 751,086 |
| Sarthe............ | 1 | 316,92 | 36,380 | 130,050 |
| Vosges........... | 1 | 73,74 | 20,031 | 50,185 |
| Yonne............ | 1 | 204,19 | 39,504 | 87,303 |
| Indre-et-Loire...... | 1 | 206,35 | 43,413 | 88,464 |
| Seine-Inférieure.... | 1 | 610,06 | 134,958 | 258,656 |
| Tarn-et-Garonne... | 1 | 104,00 | 17,236 | 25,854 |
| Vaucluse.......... | 1 | 730,50 | 119,775 | 239,550 |
| 40 DÉP. | 389 | 44,367,33 | 13,223,316 | 23,717,843 |

(1) Le nombre de fabriques dans chaque département est pris du

Les nombres ci-dessus sont extraits de la statistique agricole de la France, ouvrage officiel publié en 1840. Il est probable que le recensement des hectares mis en culture de betterave, ainsi que leur rendement, a été fait avant l'impôt qui a réduit de beaucoup la fabrication et les

rapport de M. Dumont, député de Lot-et-Garonne, séance du 29 avril 1842.

Voici d'autres données sur le nombre de fabriques et leur production :

De 1837 à 1838, il y avait 600 fab. produisant en sucre 49,226,091 k.
De 1838 à 1839           555                              39,199.408
De 1839 à 1840           422                              22,748,957
De 1840 à 1841           389                              26,925,562
De 1841 à 1842           398                              30,493,624

A l'exception du premier, ces chiffres sont pris des états publiés par l'administration des contributions indirectes. (Voy. Documents sur les sucres, session de 1841, annexe 7, page 26.)

Les adversaires de la betterave, qui font flèche de tout bois, s'écrient, avec leur bonne foi ordinaire, en voyant la production de 1842 surpasser la récolte précédente, que l'impôt sur la fabrication n'est pas assez élevé, puisque le nombre de fabriques et leur rendement augmentent encore! Il est facile de calmer leurs craintes. L'appât offert aux fabricants, par l'interdiction de leur industrie avec indemnité, a eu deux effets faciles à concevoir : 1° de faire reprendre les travaux, dans l'espoir d'un rachat avantageux, à plusieurs fabriques qui n'étaient plus en activité; et 2° d'augmenter le rendement de ces fabriques, puisqu'il était à présumer que la quotité de l'indemnité serait en raison de la quantité officielle de sucre livrée par chaque établissement. (Voyez Rapport de M. Dumont, page 5, et le chapitre IV de cette brochure.)

ensemencements. Et d'ailleurs la disproportion qu'on remarquera dans certains départements entre le nombre des fabriques et la production des betteraves prouve que beaucoup d'hectares ainsi cultivés sont destinés à nourrir des bestiaux. Nous prendrons donc 26,000 à 30,000 hectares comme le chiffre approchant le plus de la situation actuelle, 8,800,000 quintaux métriques pour la production annuelle de betterave dont la valeur se monte pour les cultivateurs à 14,000,000 fr., et enfin le chiffre de 40 millions de kilogrammes comme moyenne de la quantité de sucre brut livrée ou pouvant être livrée par les fabriques. Celle-ci ne se monte, il est vrai, d'après les investigations officielles, qu'à 30 millions pour la campagne de 1841 à 1842; mais il faut aussi compter qu'une certaine portion échappait encore au fisc avant la dernière ordonnance.

La quantité de mélasses livrées à la distillerie ou à d'autres industries est environ de 9 millions de kilogrammes.

La mise en activité de ces trois cent quatre-vingt-neuf fabriques exige un fonds de roulement d'environ 24 millions de francs.

Elles alimentent annuellement une multitude d'industries annexes, comme celles du noir animal, acides, chaux, vannerie, toiles, cuivre, zinc, ferblanterie, serrurerie, menuiserie, charronnage, construction de machines, etc., et elles y versent la somme d'environ 7,500,000 francs.

Elles consomment, seulement en houille, 2,500,000 hectolitres, qui font, à 85 kilogrammes l'hectolitre, 212,000 tonneaux à transporter sur les canaux ou autrement.

La récolte de 8,800,000 quintaux métriques de betteraves donne environ 1,800,000 quintaux métriques, ou 180 millions de kilogrammes de pulpes qui peuvent servir à engraisser environ 24,000 bœufs ou 400,000 moutons (1).

Le fumier qu'on retire de ces animaux sert à l'engrais d'un grand nombre d'hectares, et le résidu provenant de la défécation est employé au même usage ainsi que les feuilles de la betterave, lorsqu'on ne les donne pas comme nourriture.

Ces trois cent quatre-vingt-neuf fabriques occupent directement 50,000 ouvriers, à raison de cent vingt-cinq ouvriers agricoles et manufacturiers pour produire 100,000 kilogrammes de sucre. Et comme un des avantages de ces établissements est d'occuper les femmes et les enfants,

---

(1) A raison de 50 kil. par jour pour un bœuf pendant cinq mois, et 5 kil. par jour pour un mouton pendant trois ou quatre mois.

Un bœuf de 250 kil. pèse gras 325 à 350 kil.; un mouton de 15 kil. pèse gras 21 kil.

ce n'est pas exagérer la réalité que de considérer le nombre des employés comme étant le double de celui des ouvriers; et en ajoutant à ce nombre celui des fabricants et de leurs familles, on a au moins 102,000 individus intéressés directement à la fabrication indigène.

Pour prix de main-d'œuvre ces fabriques versent dans les classes pauvres plus de 7,000,000 francs par an pendant les six mois de l'année où l'agriculture les laisse sans occupation.

Enfin, il est clair qu'une production annuelle de 40 millions de kilogrammes de sucre, qui valent 48,000,000 francs, crée un mouvement d'argent de 96,000,000, sans compter le raffinage.

### *Intérêts agricoles.*

L'agriculture en France est loin d'avoir atteint tous les perfectionnements désirables. Sur 24,118,944 hectares de terres labourables il y a annuellement 6,763,281 hectares livrés aux jachères, c'est-à-dire qui restent incultes ou qui sont abandonnés à des cultures très-secondaires, car ils ne produisent, d'après la statistique agricole de la France, que 92,285,902 fr. (moyenne du produit par hectare 13 fr. 25 c.). Si ce nombre d'hectares (1) était cultivé, ils rapporteraient 1,075,361,679 francs en comptant 159 francs par hectare la valeur moyenne du produit des terres ensemencées. L'augmentation annuelle des revenus agricoles serait de 983,000,000 francs.

Le principal progrès de l'agriculture réside donc dans la suppression des jachères; mais on ne peut obtenir ce résultat qu'en introduisant dans les assolements la culture des plantes sarclées. Or, la betterave exigeant des sarclages rigoureux faits à la main et des engrais considérables, elle améliore la terre non-seulement par elle-même, mais par les plantes analogues dont elle répand l'usage. C'est un fait constant que le blé ensemencé après une récolte de betteraves

|  | Étendue en hectares. |
|---|---|
| (1) Terres labourables | 17,355,663 |
| Jachères | 6,763,281 |
| Vignes | 1,972,340 |
| Châtaigneraies | 455,386 |
| Oliviers | 121,228 |
| Mûriers | 14,276 |
| Vergers, pépinières, etc. | 766,577 |
| Prés, pâturages, pâtis, landes | 14,351,671 |
| Bois de toutes sortes | 8,804,550 |
| Terrains non compris dans le domaine agricole. | 2,153,646 |
| Total général de la surface de la France | 52,763,618 |

Ces chiffres sont extraits de la statistique agricole de la France.

produit un dixième de plus qu'après toute autre culture. Il pèse davantage ; aussi est-il acheté ordinairement un vingt-cinquième en sus. Enfin, partout où la betterave est en usage, la valeur vénale des terres a augmenté considérablement, le salaire des ouvriers a suivi la même marche ascensionnelle, et l'aisance générale s'est accrue d'une manière prodigieuse.

Il est vrai que les adversaires ont nié jusqu'aux avantages les plus évidents qu'elle procure, lui reprochant dans leur aveugle ardeur tantôt *d'épuiser la terre en exigeant une trop grande quantité d'engrais* (page 8, *Vérité des faits*, par M. le baron Charles Dupin), tantôt de vivre là *où l'agriculture est admirablement perfectionnée* (le même, page 5), tantôt prétendant que cette culture n'apportera pas de grands avantages, parce qu'elle se borne à 15 *ou* 20 *mille misérables hectares* (page 13), tantôt enfin manifestant la crainte de voir la betterave envahir toutes les terres labourables et forcer la France d'avoir recours aux blés étrangers (1).

On voit que toutes ces objections s'annulent réciproquement, car si la betterave épuise la terre, l'agriculture des contrées où elle existe de-

---

(1) Rapport pe M. Ducos, 14 mai 1837.

puis trente ans ne devrait pas être *admirablement perfectionnée*, comme l'avance l'auteur de la *Vérité des faits*. Il est singulier de lui reprocher de ne pas se développer lorsqu'on emploie tout son génie à faire adopter les mesures qui doivent en arrêter le développement et l'empêcher de s'introduire dans les endroits où l'agriculture est encore arriérée; et après cela il n'est pas moins surprenant de prétendre que si on lui laissait l'essor qu'elle réclame, elle envahirait tout le territoire.

D'ailleurs il n'est point exact de dire que 20,000 ou 30,000 hectares seuls sont améliorés par cette culture. Les chiffres suivants, extraits de la statistique officielle, prouvent, comme nous l'avons dit, que parmi les terres ensemencées en betteraves il y en a une grande partie qui est destinée, non à la fabrication du sucre, mais à la nourriture des bestiaux ; c'est ce qui élève à 57,661 le nombre d'hectares affectés à cette production ; et comme cette racine est intercalée dans les assolements au moins triennaux, et que la pratique de la cultiver continuellement sur le même terrain n'est qu'un fait exceptionnel, il faut au moins tripler le nombre ci-dessus, et l'on a au moins 172,983 hectares qui profitent de la culture perfectionnée de la betterave.

Il n'est pas inutile de le remarquer, beaucoup d'autres productions importantes du sol français n'ont qu'une étendue limitée.

| DÉSIGNATION des cultures. | NOMBRE D'HECTARES affectés à chaque culture. | VALEUR TOTALE de la production annuelle. | VALEUR par hectare. |
|---|---|---|---|
| Pommes de terre. | 921,970 h. | 202,105,866 fr. | 219 fr. |
| Chanvre . . . . . | 176,148 | 86,287,341 | 489 |
| Oliviers . . . . . | 121,228 | 22,776,398 | 187 |
| Lin . . . . . . . | 98,241 | 57,507,216 | 585 |
| Betteraves . . . . | 57,661 | 28,979,449 | 502 |
| Mûriers (cocons) . | 41,276 | 42,779,088 | 1,038 |
| Garance . . . . . | 14,676 | 9,343,349 | 636 |
| Tabac . . . . . . | 7,955 | 5,483,558 | 689 |

Il résulte de l'examen de ces documents, que si on détruisait la fabrication, il faudrait défendre tout ensemencement quelconque de la betterave, comme on l'a fait pour le tabac, ce qui priverait le sol français d'un revenu annuel de 29 millions de francs. Mais comme il se fabrique déjà une quantité assez notable de sucre de pomme de terre, il faudrait aussi proscrire cette racine si utile pour les classes pauvres, ce qui est impossible.

Il est donc peu judicieux de parler avec mépris d'une semblable culture, surtout lorsqu'on pense aux immenses avantages que produirait son développement. En effet, sans diminuer en rien le produit annuel des céréales, l'extension de la culture de la betterave ferait disparaître une grande partie des jachères. Cette racine prendrait peut-être dans quelques départements, comme cela est déjà arrivé dans le département du Nord, la place des colzas, des tabacs, etc. ; mais cette substitution rejetterait la culture de ces plantes sarclées dans d'autres lieux où elles iraient remplacer les jachères. L'illustre député de Bordeaux dont nous nous faisons à regret l'adversaire, M. Ducos considère cette substitution comme pernicieuse; et dans son rapport à la Chambre des députés, en 1839, il regrette que la betterave ait remplacé dans le département du Nord le tabac, cette plante, dit-il, *si précieuse et si enviée par la presque totalité de nos provinces.* Or, M. Molroguier, dans son intéressant ouvrage intitulé : *Examen de la question des sucres*, fait très-bien observer que le plus bel éloge de la betterave est de montrer sa culture préférée à une plante aussi précieuse et aussi enviée que le tabac.

Examinons quel serait pour la France l'avantage d'étendre la fabrication indigène dans le cas où elle serait seule appelée dans l'avenir à fournir à la consommation intérieure.

La France consomme 110 millions kil. de sucre, ce qui fait par tête 3 kilogrammes et un tiers;

mais il est clair que notre consommation augmentera encore dans des proportions immenses. Deux causes tendent à le prouver : l'une, c'est la marche croissante de la consommation ; elle est aujourd'hui sept fois plus grande qu'en 1816, elle a presque doublé seulement depuis 1830. L'autre est l'exemple de l'Angleterre, qui consomme 200 millions de kilogrammes de sucre, ce qui fait 8 kilogrammes par individu. Nous n'arriverons jamais, prétend-on, à ce taux énorme, parce que le thé ou les boissons chaudes ne sont pas d'un usage aussi général en France qu'en Angleterre. Mais l'usage plus répandu du thé n'est pas, nous le croyons, la cause principale de la grande consommation du sucre en Angleterre; c'est l'aisance dont le progrès amène toujours pour toutes espèces de produits une immense absorption. Comparez les habitudes individuelles de chaque peuple : en France, on consomme, sinon du thé, au moins une quantité d'autres boissons et mets sucrés dont les Anglais ne font jamais usage. Il est donc probable que si l'état de la France devenait de plus en plus prospère, et si le prix des sucres diminuait graduellement, nous arriverions dans peu d'années à consommer la même quantité de sucre que les Anglais, c'est-à-dire pour 33,000,000 de Français, 264,000,000 de kilogrammes.

Il faudrait près de 200,000 hectares pour produire cette quantité de sucre. Ces 200,000 hect. donneraient à l'agriculture un revenu annuel de 100 millions de fr.; et en supposant les assolements quadriennaux, 800,000 hect. profiteraient de la culture perfectionnée des plantes sarclées, et dans cette étendue de terrain les jachères auraient disparu. Cette production occuperait en outre six cent soixante mille ouvriers, qui jouiraient de l'aisance que procurent les travaux de l'agriculture, unis à ceux de l'industrie. Le gain serait donc immense, sans compter encore l'augmentation de la valeur des terres.

M. Lacave-Laplagne, ministre des finances, a avancé à la Chambre des députés, le 23 mai 1837, « qu'il ne considérait pas comme un avantage « pour l'industrie agricole la plus-value du loyer « des terres, qui avait doublé, et quelquefois « quadruplé, là où la betterave était cultivée. »

Or, quelle est la cause de cette plus-value du sol? c'est évidemment un accroissement de fertilité ou un accroissement d'activité commerciale, qui permet l'emploi avantageux des produits de l'agriculture. Cet accroissement de valeur est donc un vrai bénéfice, quoique, dans ce cas, comme dans tous les perfectionnements qui changent les positions respectives des individus, il y ait des souffrances particulières et des inconvénients partiels.

M. le baron Charles Dupin, de son côté, nie un autre fait tout aussi patent : c'est l'avantage qu'on retire du résidu de la betterave pour engraisser les bestiaux ; et pour le prouver il rappelle que les importations de bétail sont de plus en plus grandes dans le département du Nord (page 12, *Observations au conseil d'agriculture*). Mais ce fait est très-naturel à expliquer : la pulpe de la betterave est employée avantageusement, non pour *élever* les bestiaux, mais pour les *engraisser*, et cela surtout pendant l'hiver, où manque le fourrage. Son action est semblable à celle de la drèche. Or, plus un pays se livre à la spéculation d'engraisser les bestiaux, plus naturellement les importations deviennent considérables. Mais il y a encore une autre considération qui peut expliquer aussi cet accroissement d'importation de bétail ; c'est que la population du département du Nord, qui est le siége principal de la fabrication indigène, s'est accrue depuis dix ans d'un quinzième (1); l'aisance a dû augmenter, et par conséquent aussi la consommation de la viande.

(1) Recensement de 1827. . . . . . . . . . . . . 962,648
    Id.    de 1837. . . . . . . . . . . . 1,026,417
                             Différence. . . . . 63,769

Le savant statisticien remarque avec raison que plus les procédés d'extraction du jus se perfectionnent, moins il reste dans le marc appauvri de quantité nutritive, et qu'ainsi, moins la pulpe est profitable pour engraisser les bestiaux ; mais, il faut bien le remarquer, ce qu'on perd d'un côté est regagné cent fois d'un autre. Si on parvenait à retirer mécaniquement et chimiquement tout le sucre qui se trouve dans la betterave, on aurait résolu le problème, et le sucre indigène pourrait supporter le même impôt que le sucre des colonies.

Enfin, pour diminuer l'importance de la culture de la betterave et pour relever celle des colonies, leur célèbre soutien s'écrie, dans ses *Observations exposées au conseil général d'agriculture*, page 9 : « On a parlé du sol exigu de « nos quatre colonies. Ce sol surpasse pourtant » 12 millions d'hectares, c'est-à-dire près du *quart* « de la France, et *vingt et une fois* le département « du Nord. » Jugeons de la valeur de ces chiffres.

Sur ces 12 millions d'hectares, nos quatre colonies sucrières n'ont que 164,513 hectares cultivés (1). Elles nourrissent trois cent soixante-seize

---

(1) Dont 64,508 en sucre. (*Tableau statistique* publié par le ministre de la marine, 1839.)

La culture de la canne à sucre n'occupe dans nos quatre colonies, mille individus, dont trente et un mille blancs seulement. (*Notes statistiques de la marine*). La France a, sur 52 millions d'hectares, 27 millions d'hectares cultivés. Donc, en retranchant des deux pays les terrains non cultivés, l'importance des colonies sous le rapport agricole, au lieu d'être le quart de la France, est seulement de 1/164, et un peu moins de la *moitié* du département du Nord. Sous le rapport de la population, l'importance des colonies est de 1/88 de la population de la France, et environ le 1/3 du département du Nord, et cela en comptant sur le même rang que la population libre du sol français les deux cent soixante et un mille trois cents esclaves de race africaine (1).

Ainsi, il résulte déjà de ce qui précède, que, considérée uniquement sous ses rapports agricoles et industriels, la fabrication du sucre indigène a pour la France une bien plus grande valeur que ses colonies.

d'après M. Charles Dupin, que 94,568 individus. Page 40. *Vérité des faits*.

(1) La population du département du Nord est de 1,026,349; sa surface est de 567,863 hectares dont 582,152 cultivés, non compris les bois, les pâtis, vergers, pépinières et les pâturages. (*Statistique agricole*.)

*Intérêts industriels, caractère de l'industrie moderne.*

L'agriculture est le premier élément de la prospérité d'un pays, parce qu'elle repose sur des intérêts immuables et qu'elle forme la population saine, vigoureuse, morale des campagnes. L'industrie repose trop souvent sur des bases éphémères, et quoique sous certains rapports elle développe davantage les intelligences, elle a l'inconvénient de créer une population malingre qui a tous les défauts physiques provenant d'un travail malsain dans des lieux privés d'air, et les défauts moraux résultant de la misère et de l'agglomération d'hommes sur un petit espace.

La fabrication du sucre indigène, loin de participer à ces défauts, réunit en elle, au contraire, tous les avantages de l'agriculture et de l'industrie, et même, à notre avis, elle résout, sinon complétement, au moins en grande partie, un des problèmes les plus importants du temps présent, le bien-être des classes ouvrières. Quelques mots suffiront pour développer notre idée.

Autrefois il n'y avait, à proprement parler, qu'une seule espèce de propriété, la terre; un petit nombre d'hommes la possédait; les nobles s'en étaient emparés. Mais les progrès de la civilisation ont fait naître une autre espèce de propriété, l'industrie, plus dangereuse que la première, parce qu'elle peut être plus facilement accaparée.

Quelque tyrannique que fût le joug du propriétaire foncier, quelque vexatoires que fussent les dîmes et les servages, le seigneur féodal ne pouvait séquestrer complétement à son profit cette terre sur laquelle ses vassaux respiraient, marchaient, dormaient, et où du moins le soleil venait éclairer leur misère.

Mais l'industrie n'a besoin ni de jour ni d'espace. Dans un carré de quelques centaines de mètres de côté, au-dessus comme au-dessous du sol, le fabricant a tout un peuple de vassaux. Si ses spéculations échouent ou si sa fortune est faite, il renvoie ses ouvriers, et ceux-ci, sans abri, sans pain, sentent tout à coup la terre, cette mère commune, se dérober sous leurs pas.

Le fabricant n'a pas besoin, comme le seigneur féodal, de créneler son château, de parcourir armé de pied en cap ses vastes domaines pour maintenir l'obéissance et châtier ses sujets; il ferme la porte de ses ateliers, et le sort de plusieurs centaines d'individus est à sa merci.

L'aristocratie territoriale a été vaincue en France,

la poudre a renversé ses donjons, et la révolution a dit au peuple : Cette terre que tu foules aux pieds, que tu arroses de tes sueurs, qui sans toi resterait inculte, prends-la, je te la donne. Le peuple se l'est partagée, et le sol n'en a été que plus fécond (1).

Mais comment combattre l'oppression d'une propriété qui n'est ni saisissable ni divisible? Dira-t-on au peuple d'attaquer les machines? chaque agresseur n'en retirerait que quelques livres de fer; ce serait une improductive et criminelle violence. Élément indispensable de la richesse des nations, l'industrie doit être étendue dans son action, tout en étant limitée dans ses effets oppressifs. Il faut encourager son essor et protéger en même temps les bras qu'elle emploie. Un gouvernement seul peut résoudre en entier ce problème de l'organisation du travail, car seul il peut s'entourer de toutes les lumières et faire appel à toutes les intelligences. Cependant il est bon de méditer sur les exemples que nous of-

---

(1) Il est vrai que le partage excessif des terres amène aussi de fâcheux résultats pour l'agriculture ; mais c'est le sort commun à tous les changements d'institutions. Pour s'améliorer, elles se transforment, et chaque transformation entraîne avec elle des avantages patents et des inconvénients qui ne disparaissent que lorsqu'une nouvelle organisation est venue régler les intérêts nouveaux.

frent deux peuples commerçants, l'Angleterre et la Suisse.

La Grande-Bretagne, cette reine de l'industrie, occupe dans *quatre ou cinq villes* principales des milliers d'ouvriers. Tant que les produits de leurs travaux s'écoulent facilement, tant que les fabricants prospèrent, les ouvriers ne souffrent pas ; mais qu'un événement quelconque ébranle le crédit, ferme les débouchés, ou qu'une production désordonnée amène la plénitude, et à l'instant des populations entières, comme nous en avons l'exemple aujourd'hui, sont en proie à toutes les angoisses de la misère et à toutes les horreurs de la faim ; le sol, nous le répétons, se dérobe littéralement sous leurs pieds ; ils n'ont plus ni feu, ni lieu, ni pain.

La Suisse présente un aspect différent : ce petit pays, qui, enfermé au milieu de l'Europe, entouré de douanes, aspire et exhale par terre les importations et les exportations de son industrie, est parvenu cependant à un degré prodigieux d'activité commerciale ; ses produits luttent dans toutes les parties du monde avec ceux de la Grande-Bretagne.

Il ressent donc comme tous les autres les crises qui suspendent momentanément le travail de ses manufactures ; mais la population ouvrière n'est jamais réduite à mourir de faim. Voici pourquoi.

L'industrie en Suisse s'est répandue dans les campagnes au lieu de se réunir exclusivement dans les villes. Elle s'est disséminée sur toute la surface du pays, se fixant là où un cours d'eau, une route, un lac, favorisait son établissement. La conséquence de ce système a été d'habituer les classes agricoles à passer alternativement du travail des champs au travail des manufactures. En Suisse, même dans les villes, ce sont les habitants de la campagne qui viennent le matin dans les ateliers, et qui le soir retournent dans leurs villages. Aussi, lorsqu'une calamité vient affliger l'industrie, ils souffrent sans doute, mais ils retrouvent au moins dans les champs un abri et une occupation.

Eh bien! en France, la fabrication du sucre de betterave produit cet heureux effet. Elle retient les ouvriers dans les campagnes, les occupe dans les plus mauvais mois de l'année; elle répand dans la classe agricole les bonnes méthodes de culture, l'initie à la science industrielle, à la pratique des arts chimiques et mécaniques. Elle dissémine les centres de travail au lieu de les réunir sur un même point. Elle favorise donc les principes sur lesquels repose la bonne organisation des sociétés et la sécurité des gouvernements, car créer l'aisance c'est assurer l'ordre.

*Intérêts maritimes et coloniaux.*

L'intérêt des colonies ne paraissant pas assez puissant pour émouvoir le pays contre la fabrication continentale, les adversaires de cette industrie invoquent les intérêts plus graves du commerce extérieur et de la marine marchande. Ils se complaisent surtout dans cette assertion que la navigation coloniale est la principale pépinière où se forment les bons marins, et qu'ainsi sacrifier les intérêts coloniaux c'est renoncer à tout jamais à la prépondérance de la France sur les mers.

Avant d'examiner la justesse de ce raisonnement, constatons d'abord l'état réel de nos relations coloniales.

Il résulte du premier examen des documents officiels (*voyez tableaux B et C*) que toutes nos colonies ne sont pas dans le même état de malaise. Nos relations avec Bourbon et Cayenne sont toujours en voie de progrès. Pour la dernière période quinquennale de 1835 à 1840, l'augmentation du mouvement de la navigation a été de treize navires et de 7,328 tonneaux pour Bourbon, et de neuf navires et de 2,916 tonneaux pour Cayenne. Quant à nos importations et exportations, il y a eu dans leurs valeurs pendant la même époque une augmentation de 6,110,464 fr. pour Bourbon, et de 1,582,929 fr. pour Cayenne. On sait, en effet, que Bourbon surtout a accru immensément sa prospérité depuis quelques années. Saint-Denis et Saint-Paul, qui étaient naguère encore de véritables bourgs, sont aujourd'hui des villes de quatorze et de dix mille âmes. Pendant l'année qui vient de s'écouler (1841), les importations de Bourbon en France ont atteint un chiffre bien plus élevé que celui des douze années précédentes. Il est même présumable que l'accroissement de cette île a nui par la concurrence de ses produits aux Antilles françaises, car son sol est plus fertile; elle jouit d'une plus grande liberté commerciale, et ses sucres sont soumis à un droit moins élevé que ceux des autres colonies (1). En 1838, elle a importé en France 26 mil-

---

(1) On donne pour raison de cette infériorité de tarif la distance de Bourbon; mais il semble que la position plus avantageuse de cette île, la fertilité de son sol, son état prospère, enfin, devraient être des raisons suffisantes pour soumettre ses produits aux mêmes droits que ceux des Antilles. Les Anglais ont soumis leurs sucres de l'Inde à une plus forte taxe que les sucres des Antilles anglaises.

lions de kilogrammes de sucre, et **28** millions en **1841**.

Ainsi, il reste bien avéré que lorsqu'on parle du malaise de nos colonies, il faut entendre par colonies la Martinique et la Guadeloupe seules.

Mais prenons la question telle qu'on l'a présentée, en réunissant dans la même catégorie tous ces territoires, restes épars de notre grandeur coloniale.

On prétend que notre commerce décline journellement; cependant, consultons les chiffres officiels. (*Voyez tableau B.*) La valeur des importations en France a diminué, il est vrai ; le tonnage total pendant la période de 1835 à 1840 a baissé de 2,316 tonneaux, comparé au tonnage de la période quinquennale précédente ; mais, d'un autre côté, les exportations des produits français ont toujours été en augmentant, et cela d'une manière sensible. Si l'on consulte la dernière publication de l'administration des douanes, on voit que dans l'année 1841 la navigation coloniale exprimée en navires et en tonnage a surpassé de beaucoup les années précédentes. Qu'on appelle donc cet état stationnaire, si l'on veut, mais qu'on ne dise pas qu'il y a une décadence rapide. (*Voyez tableaux B et C.*)

Pour savoir quel est l'effectif réel des navires

et des équipages employés à la navigation de nos quatre colonies, nous avons eu recours aux données suivantes, publiées par le ministère de la marine (1). Elles sont faites dans les hypothèses les plus favorables aux colonies, car il en résulte, chose difficile à croire, qu'en moyenne, chaque bâtiment ne fait par an que deux voyages et demi, c'est-à-dire une traversée pour aller, une pour revenir et la moitié d'une autre traversée. Déduction faite des doubles voyages exécutés à la même colonie ou aux colonies diverses par les mêmes navires, on trouve :

|  |  |  | Marins |
|---|---|---|---|
| qu'en 1836 il y a eu 762 arrivées et départs exécutés par 323 bâtiments montés par | | | 4,408 |
| 1837 | 687 | 272 | 3,837 |
| 1838 | 772 | 306 | 4,179 |

La moyenne de ces résultats donne pour le nombre effectif des bâtiments employés 300, et pour le nombre des marins 4,174. Mais comme ces navires nous apportent du café, du bois de teinture, des liqueurs, du coton, du cuivre, du cacao,

___

(1) Appendice des Notices statistiques sur les colonies françaises, 1840. Nous ne nous permettrions pas de révoquer en doute l'authenticité d'un calcul officiel, si nous n'avions découvert dans le même ouvrage, comme nous le prouverons au chapitre IV, des inexactitudes volontaires des plus flagrantes en faveur des colonies.

de l'indigo, etc., il est clair que le transport du sucre seul emploie un nombre inférieur de navires et d'équipages.

Or, il y a annuellement, en moyenne, 32,637 marins embarqués, tant pour les voyages au long cours que pour le cabotage ; le commerce de nos colonies sucrières n'emploie donc que le huitième des marins naviguant tous les ans, et le vingt-troisième de l'inscription maritime (1).

M. le baron Charles Dupin prétend, il est vrai, que la navigation coloniale est celle qui forme les meilleurs marins, le cabotage, suivant lui, n'habituant pas assez aux dangers de la mer. Nous ne nous permettrions pas de réfuter l'opinion d'un homme aussi compétent à juger de semblables matières, si nous ne savions que l'Angleterre, puissance essentiellement maritime, tire ses meilleurs marins militaires du cabotage établi entre Londres et le Northumberland pour approvisionner de houille la capitale britannique ; et c'est pour laisser à la marine ce pénible apprentissage que l'exploitation des mines de charbon de terre est expressément interdite jusqu'à une certaine distance de Londres.

(1) Qui était pour 1840 de 96,700 hommes.

Certes, une navigation qui emploie quatre mille marins, mérite toute la sollicitude du gouvernement; mais dire que sans elle la France doit renoncer à être puissance maritime, c'est montrer qu'on veut défendre des intérêts privés sous le masque d'intérêts généraux. Plusieurs fait prouvent clairement, au contraire, que les colonies ont été plutôt jusqu'à présent une des causes qui ont maintenu l'infériorité de notre marine, et que le monopole dont elles ont joui et qui les étouffe maintenant, au lieu de développer nos relations maritimes, les a renfermées dans des limites restreintes. En effet, depuis que dure l'état de malaise de nos colonies, et qu'ainsi leur commerce offre moins de chances de bénéfice aux armateurs, *la navigation générale* de la France a augmenté dans une immense proportion; d'après les documents publiés par l'administration des douanes, en 1840, le tonnage représentant le mouvement de la navigation générale de la France a augmenté de plus d'un million de tonneaux depuis cinq ans (*Voyez le tableau* B); et en prenant pour terme de comparaison 1835 et 1840, l'augmentation sur l'ensemble du mouvement de la navigation de concurrence est de 59 pour cent. L'inscription maritime, elle aussi, a augmenté dans la même proportion, savoir :

1856 . . . . . . . . . . . . . . . . . . 90,511 hommes.
1837 . . . . . . . . . . . . . . . . . . 92,930
1838 . . . . . . . . . . . . . . . . . . 91,320
1839 . . . . . . . . . . . . . . . . . . 95,009
1840 . . . . . . . . . . . . . . . . . . 96,709 (1).
1842 . . . . . . . . . . . . . . . . . . 119,000 (2).

Il résulte de cet examen, *que l'activité de la navigation de concurrence est en raison inverse de l'activité de la navigation réservée*, et on peut avancer que les intérêts généraux de la marine sont en opposition avec les intérêts coloniaux, puisque plus ceux-ci souffrent, plus les autres augmentent. L'exemple de l'Amérique du Nord est une autre preuve non moins frappante que les colonies ne sont pas le seul élément de la navigation, car cette jeune république est arrivée, sans colonies, à avoir une inscription maritime de cent quatre-vingt mille hommes (*Rapport de M. Ducos*, 1839, p. 36), tandis que l'Angleterre

---

(1) M. Thiers, dans son discours à la Chambre des députés, séance du 8 mai 1840, dit que l'inscription maritime est de 110,000, parce que l'on peut ajouter au chiffre ci-dessus le nombre de 10,000 hommes, pris tant parmi les pêcheurs étrangers fixés depuis longues années dans nos ports, que parmi les ouvriers inscrits.

(2) Quoique nous ne puisions pas ordinairement nos renseignements dans les journaux, le chiffre pour 1842 est pris d'un article du *National*, parce qu'il a en quelque sorte un caractère officiel; c'est la lettre de M. Marec, sous-directeur du personnel de la marine adressée au *National* le 19 octobre 1842.

ne présente qu'un effectif de cent vingt mille marins. Si les États-Unis avaient possédé les vastes et riches colonies de l'Angleterre, ils seraient peut-être parvenus à un plus haut degré de prospérité commerciale ; mais nous sommes persuadés que s'ils avaient eu au milieu de l'Océan deux ou trois îles sur lesquelles ils eussent compté comme sur les seuls moyens de développer leur navigation, ils fussent toujours restés dans un état stationnaire. Il leur serait arrivé ce qui nous arrive depuis vingt-six ans ; ils eussent, à l'abri de droits prohibitifs, surexcité la production de leurs colonies, créé une prospérité factice, à laquelle ils eussent attaché d'autant plus de prix qu'elle eût alimenté une navigation privilégiée qui, sans crainte de rivalité, fût restée sans perfectionnement, et qui eût préféré des bénéfices certains et faciles sur un théâtre restreint aux chances qu'offre la navigation du monde, où les dangers sont en raison du gain, comme les progrès en raison de la concurrence. Nul doute que dans leur congrès les Américains n'eussent eu de grands statisticiens qui, égarés par le noble désir de défendre les intérêts locaux dont ils sont les représentants, fussent venus étaler complaisamment, avec tout l'ascendant de la science et l'influence de l'éloquence, l'avantage de ces malheureuses îles ; mais si leur avis eût triomphé, la navigation américaine fût restée dans l'enfance, au lieu d'embrasser l'univers et de parcourir les mers, comme les rivaux les plus dangereux de la Grande-Bretagne.

Nous ne sommes pas les seuls à regarder comme funeste pour la France le monopole colonial; les mêmes hommes qui aujourd'hui s'écrient : « *Sans « colonies point de marine!* » s'expriment comme nous lorsqu'il s'agit de la liberté du commerce. « La France, disait M. Ducos à la chambre, le 22 « mai 1837, en adoptant le système de protection, « condamnait les consommateurs à d'immenses « sacrifices; dans un intérêt colonial, et dès lors « très-restreint, elle imposait d'*étroites limites* à « sa navigation; elle centralisait ses débouchés « *dans trois ou quatre chétifs îlots*, elle arrachait « à son industrie les magnifiques continents de « l'Amérique et de l'Inde!... »

Sous le même rapport il importe de réfuter un autre calcul des délégués des ports de mer.

Les négociants du Havre ont adressé, en octobre 1841, une pétition au ministère de la marine, où ils s'expriment ainsi : « La France con- « somme environ 125 millions de kilogrammes « de sucre; les colonies en fournissent 80 mil- « lions; il reste donc 45 millions de kilogrammes « à fournir pour compléter la consommation. Si

« le sucre de betterave n'existait pas, nous aurions
« 45 millions de kilogrammes de sucre étranger
« à importer annuellement en France, ce qui don-
« nerait à notre *navigation déclinante* un nouvel
« aliment de 45 mille tonneaux. »

Ce calcul n'est pas exact (1). La suppression du sucre indigène doit avoir pour premier effet, suivant l'aveu des négociants eux-mêmes, de faire monter le prix des sucres. Or, tout le monde sait que la consommation d'une denrée diminue dès que le prix augmente. Ainsi il est probable qu'au lieu de 45 mille tonneaux ils n'en auraient que 30 à 20 mille à transporter. Mais admettons ce chiffre de 45 mille, ce tonnage rentrerait dans la navigation de concurrence où notre marine est dans une grande infériorité. Malgré les progrès qu'elle a faits dernièrement, on voit, d'après les documents officiels de la douane de 1840, que pour un même tonnage, 67 pour 100 appartiennent aux étrangers et 33 pour 100 appartiennent au pavillon français (2). Dès lors sur 45 mille tonneaux

---

(1) D'ailleurs la France ne consomme que 110 milliers de kil. de sucre, et sa navigation générale, au lieu de décliner, a considérablement augmenté, comme nous l'avons prouvé plus haut.

(2) En prenant la moyenne de dix années, de 1830 à 1840, sur 1,987,000 tonneaux arrivés dans les ports français, 1,327,000 y sont venus sous pavillon étranger, et 660,000 sous pavillon français.

de sucre la marine marchande française n'aurait que 14,850 tonneaux à transporter. Pour remédier à cet inconvénient, le gouvernement protége, il est vrai, la navigation française en mettant un droit moins élevé sur certains produits importés par navires français, et notamment sur les sucres. Supposons que cette protection double les proportions ordinaires, la marine française aurait donc 29,700 tonneaux à transporter, qui, divisés par 230, qui est le tonnage moyen, donneraient 128 arrivées; et comme les sept huitièmes viendraient de Cuba et de Porto-Rico, et feraient environ deux traversées et demie par an, on aurait 102 navires montés par 1,326 marins. Voilà, dans les hypothèses les plus favorables, tout l'accroissement que retirerait notre marine et notre commerce de la suppression du sucre indigène.

Enfin le fait suivant, dévoilé à la tribune (séance du 5 avril 1842) par M. Fould, député, prouve de la manière la plus évidente que l'intérêt de la navigation n'est qu'un prétexte jeté en avant pour intimider les partisans de l'industrie continentale. Le gouvernement, dit l'ex-député de Saint-Quentin, a abandonné à la navigation étrangère un approvisionnement annuel de 200,000 tonneaux, le double des importations coloniales, parce que le trésor y trouvait un bénéfice. On a donc le droit

de dire au ministre de la marine : « Comment
« pouvez-vous appuyer une mesure qui ne doit
« donner à la navigation française que 29,000
« tonneaux, lorsque vous en abandonnez bénévo-
« lement 200,000 aux étrangers (1)? »

*Intérêts du Trésor.*

Les reproches qu'on a adressés à la fabrication
du sucre indigène comme diminuant les recettes
du trésor ne sont pas plus fondés que les autres.
Il suffit en effet de jeter les yeux sur les chiffres
officiels pour voir que les bénéfices du trésor sur
l'importation des sucres ont toujours été en augmentant depuis quinze ans; et en comparant les
recettes des cinq dernières années antérieures à
1840 avec la période précédente, on voit que les
bénéfices du trésor ont surpassé 2 millions (*voyez
tableau A* ); mais comme il faut encore ajouter à
cette somme les droits perçus sur la fabrication
du sucre indigène depuis 1838, et qui se sont

(1) « Le gouvernement achète tous les ans 10,000 tonneaux de
« tabac à l'étranger. Il a acheté cette année 100,000 tonneaux de
« charbon pour les besoins de la marine ; la totalité de ces charge-
« ments arrive dans nos ports par bâtiments étrangers, au préjudice
« de notre marine. J'estime que d'ici à l'année prochaine vous aurez
« 200,000 tonneaux à transporter ! » Paroles de M. Fould, séance du
5 avril 1842.

élevés à 8,638,220 fr. jusqu'en 1840, les bénéfices du trésor durant les cinq dernières années se sont donc accrus, en moyenne, de près de 4 millions.

Avouons-le, il n'est pas possible de dire d'une telle situation que le trésor éprouve des pertes *toujours croissantes*. D'ailleurs le fisc retire encore de la fabrication indigène des profits qui n'en sont pas moins réels, quoiqu'ils soient d'une appréciation difficile, comme, par exemple, l'augmentation des impôts indirects, les droits de successions et de mutations sur les biens ruraux, les patentes, les licences, les portes et fenêtres, perceptions qui augmentent en proportion de la prospérité des départements. Il faut encore ajouter les droits de navigation pour les transports des sucres et des charbons par les canaux, et les droits que payent aux douanes les houilles qui viennent en grande partie de la Belgique ou de l'Angleterre. Les négociants du Havre sont plus sincères dans leur calcul, car ils s'expriment ainsi : « Si
« le sucre étranger était appelé à fournir l'excé-
« dant de la consommation, il en résulterait pour
« le trésor le gain suivant :

« 45 millions de kilogrammes de sucres étran-
« gers, même à un droit réduit de 60 fr. 50 c.,
« produiraient au trésor 27,225,000 fr., tandis

« que 45 millions de sucre de betterave ne pro-
« duisent que 12,375,000 fr.; la différence donc au
« profit du trésor serait de 14,850,000 fr. »

Ce calcul n'est pas exact. La France ne consomme que 110 millions de kilogr., les colonies en fournissent 80 millions, il ne reste donc que 30 millions pour compléter l'approvisionnement. Ces 30 millions, à 60 fr. 50 c. donneraient. . . . . . . . . . . . . . . 18,150,000 fr.

La même quantité en sucre de betterave à 27 fr. 50 c. les 100 kil. donnerait. . . . . . . . . . . . . 8,250,000 fr.

Resterait donc comme profit du trésor. . . . . . . . . . . . . 9,900,000 fr.

Or, comme les droits indirects dont nous avons parlé tout à l'heure se monteraient au moins à 2 ou 3 millions, le profit du trésor sur l'entrée des sucres étrangers ne serait donc tout au plus que de 7 à 8 millions.

Néanmoins si les restrictions ci-dessus ont été tant soit peu exagérées, la question y est au moins présentée sous son véritable jour, c'est-à-dire :
« Le trésor n'est pas en perte, *au contraire*, mais
« il gagnerait davantage si le sucre étranger rem-
« plaçait le sucre de betterave. » A ce compte, pourquoi ne pas aussi sacrifier le sucre des colonies au sucre étranger ? le trésor aurait un béné-

fice encore plus considérable. Pourquoi mettre un droit différentiel sur les sucres venant par bâtiments français? Le trésor gagnerait bien plus à l'importation par navires étrangers. Pourquoi, en un mot, ne pas abandonner toutes nos industries? le trésor, sans aucun doute, y gagnerait; mais la France descendrait sous le rapport des intérêts matériels comme elle est déjà déchue sous le rapport politique; elle perdrait à la fois sa prospérité et son indépendance.

Nous avons réfuté les assertions des antagonistes de la betterave, en leur opposant, non des arguments subtils, mais des chiffres officiels. Résumons-les en peu de mots : « M. le baron Charles « Dupin avance *que les colonies ont une étendue* « *égale au quart de la France.* » En ôtant les terrains improductifs des deux pays comparés, les terres cultivées de nos quatre colonies sont le 1/164ᵉ de la France.

L'amiral Duperré a dit aux Chambres *que les colonies employaient quinze mille marins;* les chiffres publiés par le ministère de la marine prouvent que nos quatre colonies sucrières n'emploient que quatre mille marins.

M. Ducos, dans son rapport du 2 juillet 1839, dit *que notre commerce et notre navigation marchande ont perdu leur débouché et leur élément de transport* (V. *le tableau B.*). Le tonnage représentant le mouvement général de la France, a augmenté dans la dernière période quinquennale, de 1836 à 1840, de 1,060,000 tonneaux. Il ajoute : *Nos manufactures sont frappées dans nos exportations;* la valeur de nos exportations pour les colonies a augmenté, dans la dernière période quinquennale, de 7,963,697 fr. *Le trésor voit ses recettes s'amoindrir;* les recettes du trésor se sont accrues, dans la dernière période quinquennale, de 3,721,524 fr. *Notre flotte est menacée de perdre ses marins* (1), et l'inscription maritime dépassait de 6,198 hommes, en 1840, le recensement de 1836, et en 1842, elle le dépasse de 28,489 hommes.

Nous le demandons à nos lecteurs, est-il possible de contredire plus ouvertement l'évidence des faits?

Or, si des hommes aussi consciencieux et aussi honorables que MM. Duperré, Dupin et Ducos, tombent eux-mêmes dans de semblables exagérations, quelle foi peut-on ajouter aux reproches adressés à la fabrication indigène par les autres organes des intérêts coloniaux?

(1) Toutes les phrases soulignées sont les propres paroles de M. Ducos, dans son rapport du 2 juillet 1839, p. 9.

Lorsqu'on est obligé, pour la défense d'une cause quelconque, d'altérer la vérité, c'est une preuve évidente qu'on ne peut ni tout avouer, ni présenter les choses telles qu'elles sont. Or, dans cette question, tout le monde n'ose pas avouer que l'intérêt des colonies n'est qu'un prétexte, et que si les Chambres n'arrêtent pas court la marche suivie jusqu'ici, la ruine des colonies doit suivre de près la suppression de la fabrication indigène, pour laisser le champ libre aux sucres étrangers (1).

### Intérêt des consommateurs.

Les apôtres de la liberté illimitée du commerce ont admis comme principe cet axiome : *A chaque pays son produit naturel.*

Or, la betterave ne contenant que 10 pour 100 de matière saccharine, tandis que la canne à sucre en contient 21 pour 100, ils proscrivent impitoyablement cette première racine. Si ces principes recevaient leur application immédiate, nous verrions la ruine de toutes nos industries, et des populations entières mourraient de faim; mais il

(1) M. Duvergier de Hauranne et M. Wurstemberg ont dit en 1840 ; « Nous aimons mieux le sucre des colonies que le sucre de betterave ; mais nous aimons mieux le *sucre étranger* que le sucre des colonies. » (*Moniteur* du 9 mai 1840.)

est un fait important : un hectare planté en betteraves rapporte en moyenne 1,500 à 1,600 kilogr. de sucre brut (1), tandis qu'un hectare planté en cannes à sucre ne produit, dans nos colonies, que 1,400 kilogrammes. (Voyez *Vérité des faits*, par Charles Dupin, page 31 (2). Ainsi donc, à surface égale, un hectare de betteraves donne en sucre 100 kilogrammes de plus que s'il était planté en cannes. Cette production est donc tout aussi

---

(1) On dit souvent qu'un hectare en betteraves produit 2,000 kil. et plus de sucre brut ; mais c'est un fait isolé et non général.

(2) Les chiffres ci-joints sont les moyennes de trois, quatre ou de cinq années, de 1832 à 1836 ; ils prouvent également combien le rendement par hectare est limité.

|  | HECTARES en culture | SUCRE brut, nombre de kilogrammes. | NOMBRE de kilogram. de sucre par hectare. |
|---|---|---|---|
| La Guadeloupe. | 24,810 | 37,436,472 | 1,509 |
| La Martinique. | 21,179 | 29,258,716 | 1,381 |
| Ile Bourbon. | 14,530 | 21,793,140 | 1,500 |
| Guyane française. | 1,571 | 2,120,119 | 1,349 |
|  | 62,090 | 90,608,447 | |

Moyenne de sucre produit par hectare. . . . . . 1,459

M. Ducos, dans son rapport, p. 19, dit que le rendement de chaque hectare est de 2,500 kil. de sucre à la Martinique, de 3,000 à la Guadeloupe, de 4,000 à 4,500 à Bourbon. Si on admettait les chiffres ci-dessus, les 62,090 hectares consacrés à la culture du sucre dans nos quatre colonies rapporteraient 200 millions de sucre au lieu de 80 millions !

naturelle que l'autre; et si le prix du sucre, à impôts égaux, est encore plus élevé, c'est que les procédés d'extraction ne sont pas encore arrivés au dernier degré de perfectionnement, et que la main-d'œuvre est plus chère en France que le travail de l'esclave. Le but évident auquel tendent les partisans de la liberté commerciale est de procurer le bien-être de la majorité des consommateurs, en faisant baisser le prix de tous les produits de première nécessité. C'est dans ce but qu'ils ont vanté les machines, dont le résultat immédiat a été la baisse des valeurs des objets fabriqués.

Tout en reconnaissant l'avantage de certaines libertés pour les objets de nécessité première, il faut convenir que l'intérêt des consommateurs n'est pas toujours l'intérêt général; car, par exemple, il est dans l'intérêt de la société entière de prélever certains impôts, quoique ceux-ci soient un fardeau pour tous.

Supposons qu'en abaissant encore la surtaxe sur les sucres étrangers, on fît tomber le prix actuel de 10 francs par 50 kilogrammes, quels en seraient les résultats, en portant à 110 millions la consommation intérieure de la France? Cette baisse de 20 centimes par kilogramme serait un bénéfice pour les consommateurs de 22 millions ou 67 centimes environ par individu ; or, ce gain compenserait-il la ruine d'une industrie qui fait vivre cent mille familles, qui enrichit huit départements, qui donne un mouvement d'argent de 100 millions?

Le premier intérêt d'un pays ne consiste pas dans le bon marché des objets manufacturés, mais dans l'alimentation du travail. Créer le plus d'activité possible, employer tous les bras oisifs, tel doit être le premier soin d'un gouvernement. Protéger le consommateur aux dépens du travail intérieur, c'est en général favoriser la classe aisée au détriment de la classe indigente, car la production c'est la vie du pauvre, le pain de l'ouvrier, la richesse du pays. L'intérêt du consommateur, au contraire, oblige le fabricant à devenir oppresseur. Pour dominer la concurrence et livrer ses produits au plus bas prix possible, il faut qu'il maintienne des millions d'individus dans la misère; qu'il réduise journellement les salaires, qu'il emploie de préférence les femmes et les enfants, et laisse sans occupation l'homme valide, qui ne sait que faire de sa force et de sa jeunesse.

L'Angleterre a réalisé le rêve de certains économistes modernes; elle surpasse toutes les autres nations dans le bon marché de ses produits manufacturés. Mais cet avantage, si c'en est un, n'a été obtenu qu'au préjudice de la classe ouvrière. Le vil prix de la marchandise dépend du vil prix du travail, et le vil prix du travail, c'est la misère du peuple. Il ressort d'une publication récente que pendant les dernières années, tandis que l'industrie anglaise *triplait* sa production, la somme employée pour solder les ouvriers diminuait *d'un tiers*. Elle a été réduite de 15 millions à 10 millions de livres sterlings. Le consommateur a gagné, il est vrai, le tiers du salaire prélevé sur la sueur de l'ouvrier; mais de là aussi sont venus les perturbations et le malaise qui ont affecté profondément la prospérité de la Grande-Bretagne.

Si en France les partisans de la liberté du commerce osaient mettre en pratique leurs funestes théories, la France perdrait en richesse une valeur d'au moins deux milliards (1), deux millions d'ouvriers resteraient sans travail, et notre commerce serait privé du bénéfice qu'il tire de l'immense quantité de matières premières qui sont importées pour alimenter nos manufactures.

L'histoire de la naissance de toutes les indus-

(1) Énumération des principales industries qui doivent le jour au système protecteur; qui, sous l'empire de ce système, se sont développées et perfectionnées au point de pouvoir un jour lutter avec les produits étrangers, mais qui aujourd'hui seraient complétement rui-

tries en France, l'exemple de tous les peuples, les préceptes enfin de tous les hommes éminents qui ont marqué à la tête des gouvernements, s'accordent sur ce point, que les industries existantes d'un pays doivent être protégées tant qu'elles ont besoin de protection ; et même le célèbre ministre Huskisson, quoique disciple de

nées si on laissait entrer librement les produits anglais, belges, suisses, allemands ou italiens. (D'après la statistique de Schnitzle.)

| DÉSIGNATION DES INDUSTRIES. | NOMBRE d'ouvriers employés. | VALEUR créée par ces industries. |
|---|---|---|
| Industrie du fer ; extraction, fabrication de première fusion, gros fer, etc............ | 45,862 | 127,884,726 fr. |
| Coutellerie............................... | 50,000 | » |
| Métaux exploités autres que le fer......... | 26,956 | 13,715,061 |
| Exploitation des houilles, lignites, anthracites. | 26,966 | 29,005,601 |
| Verreries, cristaux, fabriques de glaces..... | 10,477 | 30,143,836 |
| Fabriques de porcelaines et de faïences...... | 10,052 | 15,908,621 |
| Fabriques de poteries grossières........... | 10,435 | 1,1517,501 |
| Industrie linière........................ | 600,000 | 200,000,000 |
| Industrie du coton....................... | 600,000 | 600,000,000 |
| Industrie de la laine...................... | 150,000 | 400,000,000 |
| Industrie de la soie...................... | 400,000 | 185,000,000 |
| Industrie du sucre....................... | 50,000 | 60,000,000 |
| Total..... | 1,980,746 | 1,673,169,346 |

Il faut ajouter à ce tableau la Fabrication des armes à feu, l'Horlogerie, la Papeterie, la Librairie, les Constructeurs de machines, le Plaqué, la Savonnerie, etc., qui occupent encore bien 200,000 ouvriers, et dont le travail cesserait par la concurrence étrangère.

Enfin, il faut compter aussi la valeur des matières premières nécessaires à l'industrie, et qui figurent, dans l'importation de 1840, pour 507 millions de francs, et qui n'alimenteraient plus notre commerce si la France recevait les produits manufacturés de l'étranger.

Smith, déclarait « qu'il ne fallait mettre les in-
« dustries nationales en lutte sur le marché in-
« térieur avec les rivalités extérieures que lors-
« qu'elles pouvaient soutenir la concurrence; car
« alors, disait-il, non-seulement on multiplie les
« échanges, mais encore on donne aux fabricants
« indigènes une crainte qui leur sert de véhicule.»
(Paroles rapportées par M. Molroguier, p. 321.)

En résumé, il n'y a que deux systèmes : l'un qui place l'alimentation du travail bien avant le bon marché du produit, l'autre qui considère le bas prix de la marchandise comme le premier élément de prospérité. Mais lorsqu'on propose une mesure qui doit avoir pour double résultat la diminution du travail et l'augmentation du prix de la denrée, aucun principe ne saurait la soutenir. Or, dans le cas spécial qui nous occupe, l'interdiction de la fabrication du sucre de betterave doit amener la cessation en France du travail de 50,000 ouvriers et l'augmentation du prix du sucre; l'intérêt des consommateurs se joint donc ici à l'intérêt du producteur pour réclamer son maintien.

D'après ce qui précède, l'agriculture, l'industrie, la navigation de concurrence, les consommateurs sont intéressés à la fabrication continentale. Le commerce extérieur seul et le trésor trouveraient un avantage dans la suppression. Il s'agit de savoir quels sont les intérêts qui ont le plus d'importance pour la prospérité générale de la France. Or, l'empereur Napoléon a fait la classification suivante, qui montre les bases sur lesquelles l'économie politique de la France doit être fondée.

« L'agriculture est la base et la force de la
« prospérité du pays.

« L'industrie est l'aisance, le bonheur de la
« population.

« Le commerce extérieur, la surabondance, le
« bon emploi des deux autres.

« Celui-ci est fait pour les deux autres, les
« deux autres ne sont pas faits pour lui. Les intérêts
« de ces trois bases essentielles sont divergents,
« souvent opposés. »

Cette classification si claire indique quelle est pour la France l'importance des intérêts qui se rattachent à ces trois grands éléments de la prospérité des peuples.

L'agriculture et l'industrie étant les deux *causes* de vitalité, tandis que le commerce extérieur n'en est que *l'effet*, un gouvernement sage ne doit jamais sacrifier les intérêts majeurs des premiers aux intérêts secondaires des derniers.

On peut donc admettre en principe que la fabrication du sucre de betterave, source de richesse pour l'agriculture et l'industrie, ne doit pas être sacrifiée à un intérêt commercial. Surtout elle ne doit pas l'être à un intérêt fiscal ; car en lésant ces principes, on subirait le sort de l'Espagne, qui a déchu de l'empire du monde parce qu'elle a abandonné son agriculture et son industrie pour son commerce. On ferait descendre la France au rang de ces Etats américains où l'agriculture est dans l'enfance, où l'industrie est nulle, et où le commerce extérieur est la seule source de richesse, les droits de douane les seuls revenus du trésor.

## CHAPITRE III.

### DROITS ET AVENIR DES DEUX INDUSTRIES.

Il ne suffit pas d'avoir énuméré les intérêts généraux et particuliers qui se rattachent à l'industrie sucrière continentale, il faut aussi repousser les attaques dont elle est l'objet, en rappelant les droits réels qu'elle peut invoquer à juste titre.

Pour créer l'industrie il faut la science qui invente, l'intelligence qui applique, les capitaux qui fondent, les droits de douane qui protégent jusqu'au développement complet. C'est par l'heureux effet de semblables mesures que l'Angleterre est arrivée à un degré prodigieux d'activité industrielle ; la France est également redevable à ce système de la plupart de nos industries ; car c'est en poussant la science aux découvertes par l'appât de primes élevées, en suppléant à la rareté des capitaux par des avances considérables, en frappant de droits prohibitifs les produits étrangers, que l'empereur Napoléon dota la France du filage du coton, de la fabrication du casimir, de la garance, du pastel; imprima l'élan à la découverte du filage du lin à la mécanique, et donna un immense essor aux forges, aux fabriques de tissus de soie, de laine et de coton.

La fabrication du sucre de betterave, qui devait également la vie à ce système protecteur, s'était promptement développée, et à la fin de la restauration il lui suffisait de quelques années encore de liberté pour arriver à ce dernier degré de perfectionnement qui lui permît de lutter à armes égales avec les produits des tropiques. La protection ne devait pas être illimitée, il était même naturel qu'elle diminuât en proportion des perfectionnements; mais il était souverainement injuste de grever tout à coup la fabrication indigène d'un impôt pesant. M. Matthieu de Dombasle le remarque avec raison : « C'est un principe de politique
« financière observé partout de n'imposer que les
« industries déjà anciennes, dont les produits et
« le développement ont déjà pu être fixés par
« l'expérience, et de donner le temps aux fabri-
« cants d'amortir par de justes bénéfices le capi-
« tal qui représente leur première mise de fonds,
« leurs essais et leurs pertes. »

Pour légitimer la brutale transition d'un régime

de protection à un régime vexatoire d'impôts, on prétendit que l'existence de la betterave empêchait le gouvernement de remplir envers les colonies le *pacte* auquel la métropole s'était engagée : tant il est vrai que même dans les questions d'intérêts matériels le droit est la première raison invoquée.

Mais il n'y a de pacte que d'égal à égal. Les colonies ont été établies dans l'intérêt de la métropole, afin de lui fournir les denrées que son sol ne pouvait produire, et même afin de les lui fournir à meilleur marché que les étrangers. Elles existent donc d'après des vues exclusives, égoïstes ; la métropole a bien entendu se créer une nouvelle source de richesse, mais non des rivaux dangereux pour ses produits continentaux. Cela est si vrai, que dès l'origine on a prohibé l'entrée des produits coloniaux tant soit peu similaires, tels que les rhums et les tafias qui pouvaient nuire par leur concurrence aux produits spiritueux de la métropole ; et si récemment on les a admis sur le marché français, c'est en les chargeant d'un droit énorme.

Ainsi, dès que le sucre est devenu un produit du sol français, il a dû jouir de la protection et des avantages accordés à toutes les denrées continentales sur les denrées coloniales : droit inviolable et jusqu'ici hors de question. D'ailleurs, dès que les colonies fournissaient cette denrée à un prix plus élevé que les étrangers, la condition même de leur établissement n'était plus accomplie.

On a dit, pour justifier l'idée barbare de supprimer la fabrication indigène : Le gouvernement, qui dans un intérêt fiscal s'est emparé de la ferme des tabacs, peut bien aussi, d'après le même principe, anéantir le sucre de betterave. Le raisonnement n'est pas exact : le gouvernement, tout en s'emparant du monopole du tabac, n'a pas violé le droit du territoire en le frappant de stérilité au profit d'un produit tropical, il l'a simplement restreint ; il n'a pas privé le sol d'une de ses plus riches cultures, il s'en est fait le seul propriétaire.

Si le gouvernement s'adjugeait le monopole du sucre indigène afin d'en régler la production suivant les besoins de la consommation, comme il le fait pour les tabacs, nous n'approuverions pas cette mesure ; mais elle ne serait cependant ni contre le droit général ni aussi pernicieuse que la suppression totale ; car l'agriculture ne perdrait pas une de ses plus riches cultures et l'industrie une de ses plus belles conquêtes.

Au nom de la justice s'élève une autre considération d'un ordre supérieur, celle des droits acquis par trente années d'efforts, par d'immenses succès, par des progrès croissant tous les jours.

Une industrie qui peut invoquer également le passé et l'avenir a le droit et la force d'être conservée, car le droit et la force des choses de ce monde se calculent d'après leur durée. Tuer ce qui doit vivre est un plaisir barbare, contraire aux lois de la nature. C'est un crime et une faute.

Démontrons maintenant quel peut être l'avenir de la fabrication indigène, en énumérant les principales améliorations qu'elle a successivement subies.

Suivre la marche du progrès, marquer le point où il se trouve aujourd'hui, mais en même temps montrer qu'il est loin de toucher à son terme, que les procédés et les systèmes varient tous les jours, c'est fournir la double preuve des lacunes à combler et des grands perfectionnements à conquérir.

La betterave se lave, se râpe, la pulpe se presse, le jus s'écoule dans une première chaudière, s'y défèque, c'est-à-dire qu'il se sépare de toutes les matières étrangères et insolubles que le suc de betterave tient en suspension, et d'une partie de celles qui y sont dissoutes. Il passe successivement à travers des filtres et dans les vaisseaux d'évaporation, où il s'épure et se concentre. Il est porté dans sa chaudière de cuite, où il se condense; de là, dans le rafaîchissoir, et enfin dans les formes, où il se cristallise et se purifie par l'égouttage et par le clairçage, opération qui consiste à verser à travers les interstices du sucre, déjà cristallisé, un sirop très-décoloré qui chasse devant lui le sirop très-coloré qu'il y rencontre. Enfin la dernière opération s'appelle le lochage, c'est-à-dire qu'on extrait des formes le sucre pour le livrer au commerce.

Examinons les progrès qu'ont subis les divers procédés.

Nettoyage. Les racines se lavaient autrefois à la main, ce qui était très-onéreux; aujourd'hui cette opération s'exécute dans un cylindre à claire-voie, appelé le laveur de M. Champonnois, dont l'axe est au niveau d'une caisse pleine d'eau, et auquel on imprime un mouvement de rotation.

Rapage. Le suc de la betterave est renfermé dans des espèces de vaisseaux appelés utricules. Pour l'extraire il faut déchirer ces utricules. On se contentait autrefois d'une râpe plane, aujourd'hui on a des râpes adaptées sur la périphérie d'un cylindre, qui faisait dans le principe six à huit cents révolutions par minute, et qui maintenant en fait jusqu'à mille à douze cents.

Pression. La pulpe, renfermée dans des sacs,

est soumise à une forte pression; ces sacs, autrefois en toile, sont maintenant en laine, et cette simple substitution a facilité singulièrement l'opération. A la presse continue à double effet de M. Isnard ont succédé les presses à vis, à coins, à balancier, à percussion, auxquelles a succédé à son tour la presse hydraulique, qui est d'un immense effet. Remarquons ici que, malgré les perfectionnements qu'ont subis ces trois premiers procédés, les moyens de rasion et de pression sont encore si loin d'un perfectionnement complet, que M. A. Baudrimont, professeur à l'école pratique des mines et des arts, prétend dans sa brochure sur la fabrication du sucre, page 40, qu'en râpant des betteraves à la main, avec une râpe ordinaire à sucre, et en les exprimant dans un linge par la torsion, on en obtient plus de sucre que par la râpe de Burette et l'immense action des presses hydrauliques. Aussi M. Matthieu de Dombasle a-t-il inventé un système qui simplifierait les deux dernières opérations, et qui consiste à couper les betteraves en tranches très-minces, et à les laisser macérer dans l'eau bouillante. Mais il paraît que ce procédé éprouve encore quelques difficultés d'exécution.

Défécation. Elle s'opérait autrefois au moyen d'une combinaison d'acide sulfurique, de chaux et de sang, opération difficile à laquelle on est parvenu à substituer la chaux seule, à cause de l'emploi du noir animal ; on cherche maintenant si l'acide sulfureux, le tannin provenant d'une infusion de noix de galle, ne remplacerait pas avantageusement la chaux.

Filtrage. Cette opération, qui a lieu plusieurs fois pendant la fabrication, a été très-perfectionnée. Au filtre simple on a substitué le filtre de Taylor, qui offre une immense surface filtrante dans un petit espace ; ensuite M. Dumont a employé le charbon animal en grain comme matière filtrante, ce qui réunit en une les deux opérations de la filtration et de l'action décolorante du charbon. En dernier lieu sont venus les filtres à charge permanente et à fonction continue de Peyron.

Clarification. Elle a lieu avec du sang, lorsque le filtrage sur le noir en grain n'a pas suffi. On a trouvé le moyen de revivifier, après s'en être servi, le charbon animal, qu'on emploie en grande quantité pour décolorer le sirop, et c'est cette invention qui en a permis l'usage, en en restreignant la consommation.

Cuite. Après la dernière filtration, on procède à la cuite, dont le but est de donner au sirop le dernier degré de concentration. Avant 1810, on ne connaissait que le procédé d'Achard, la cristallisation lente dans des vases plats disposés dans une étuve. La cuite au feu lui a succédé ; à celle-ci, la cuite à la vapeur, dans des chaudières dont la forme et la construction ont successivement éprouvé de nombreuses variations. Puis enfin sont venus les appareils de Howard, de Derosne, de Roth, de Degrand, destinés à opérer la cuite à une basse pression, en raréfiant l'air dans les chaudières, ce qui économise le combustible.

Empli. Après la cuite, le sirop est versé dans des formes et abandonné à la cristallisation. Ces formes étaient autrefois en terre cuite ; on y a substitué les formes en zinc, parce qu'elles ont l'avantage de ne point adhérer si fortement au sucre, et qu'elles se cassent moins facilement.

Comme complément de toutes les améliorations introduites, il ne faut pas oublier que, dans le nord de la France, le moteur de tous ces établissements est la vapeur, qui sert à la fois à chauffer, à mouvoir le laveur, la râpe, les presses, et quelquefois même les pompes.

C'est donc grâce à tous les efforts réunis de la chimie, de la mécanique, des arts et des sciences, que les fabricants sont parvenus à donner un développement immense à leur industrie, quoique le prix du sucre, qui était sous l'Empire à 9 fr. le kilogramme, fût tombé à 1 fr. 10 cent., quoique alors protégé et encouragé, il a aujourd'hui à supporter un impôt de 27 fr. par 100 kilogrammes.

Ce qui fait par 100 kilogrammes une différence, au détriment des fabricants, de 817 francs !

En présence de pareils faits, des éloges réservés aux colons exclusivement n'inspirent-ils pas un sentiment douloureux ? Un homme qui a tant de supériorité dans l'esprit, et tant de nationalité dans le cœur, M. le baron Charles Dupin, devrait-il ne ressentir d'enthousiasme que pour eux ; et s'écrier, comme si les autres n'avaient rien fait : Les colons sont parvenus en vingt ans à sextupler leurs produits ! Or, sans porter le blâme sur personne, nous préférons garder notre admiration pour les succès que nous avons enregistrés ; ils ont été obtenus par les efforts persévérants du génie humain, tandis que les autres sont dus uniquement à la sueur de l'esclave.

D'après ce qui précède, dans un avenir plus ou moins éloigné, il est facile de s'en convaincre, le sucre indigène pourra supporter l'égalité d'impôt. Les délégués des colonies et des ports de mer l'ont déjà proposé, parce qu'ils savent que, dans l'état actuel, le sucre de betterave ne pourrait pas la supporter et succomberait ; il nous suffit aujourd'hui de prendre acte de cette proposition, comme constatant tous les droits que possède la fabrication indigène.

En effet, supposons celle-ci capable de supporter la concurrence qu'on lui offre, sa proximité des lieux de consommation lui donnerait toujours l'avantage sur le marché, et elle serait, comme aujourd'hui, un rival dangereux pour les colonies; elle produirait donc les mêmes perturbations qu'on lui reproche, et cependant ses adversaires reconnaissent qu'alors ils n'auraient plus le droit de lui contester son existence. Ils ne l'ont pas davantage aujourd'hui, puisqu'ils avouent eux-mêmes que quelques simplifications dans les procédés anéantiraient ce qu'ils appellent avec emphase le pacte colonial et les intérêts majeurs des ports de mer et de la marine !

Si l'avenir de l'industrie sucrière continentale nous apparaît sous les plus brillantes couleurs, il n'en est pas de même des colonies, dont l'existence semble menacée par l'émancipation des esclaves. L'exemple des Antilles anglaises prouve que si l'émancipation ne détruit pas entièrement la prospérité de ces îles, elle diminue dans une immense proportion la production du sucre. C'est un fait avéré et reconnu par tout le monde, que l'esclave affranchi préfère la culture du café et des autres denrées coloniales, à la culture fatigante et pénible de la canne à sucre.

Ainsi, d'après l'impulsion donnée par les hommes du pouvoir, il est dans le cours naturel des choses que le *Gouvernement, après avoir indemnisé les fabricants français, afin qu'ils ne produisent plus de sucre de betterave, soit amené à indemniser à leur tour les propriétaires des colonies, afin qu'ils ne puissent plus produire de sucre de canne!*

Dans les Chambres on a répondu d'avance à cette objection par ce singulier argument. On a dit : C'est justement parce que l'émancipation inévitable des nègres doit amener une grande perturbation dans les colonies qu'il faut améliorer la position des colons en supprimant le sucre indigène, et les mettre plus en état de supporter la crise qui les menace. Ce qui équivaut à dire : L'émancipation des nègres doit ruiner les colonies! Eh bien! *engraissez-les avant de les tuer*, engraissez-les surtout avec les débris d'une industrie florissante. Ce raisonnement est un véritable sophisme; il est d'autant moins logique, que d'après ce qui précède, la suppression de la betterave n'arrêterait pas la décadence des colonies.

Dernière considération d'un ordre élevé en faveur du sucre indigène, et qui équivaut à un droit :

l'indépendance. Une nation est coupable de remettre à la merci des autres son approvisionnement des denrées de première nécessité. Pouvoir d'un jour à l'autre être privé de pain, de sucre, de fer, c'est livrer sa destinée à un décret étranger, c'est une sorte de suicide anticipé qu'on a voulu prévenir en accordant une protection spéciale aux grains et aux fers français.

Si la guerre éclatait, nos colonies ne pourraient plus alimenter nos marchés, et nous nous retrouverions dans le même état où nous étions pendant l'Empire, avec cette différence que le prix élevé gênerait bien davantage la population; car l'usage du sucre a pris une bien plus grande extension.

On dit, il est vrai, qu'alors les neutres nous fourniraient le sucre, ou bien qu'on rétablirait à l'instant même les fabriques indigènes. Mais serait-ce notre intérêt de livrer à un allié suspect un approvisionnement qu'il nous ferait payer un prix exorbitant, et de lui laisser gagner tous les ans des millions sur une denrée que nous pourrions produire nous-mêmes?

Quant à la supposition de reconstruire nos fabriques, ce n'est pas lorsqu'un pays est obligé de s'imposer extraordinairement pour organiser sa défense qu'il peut employer ses capitaux à recréer une nouvelle industrie et à opérer un changement de culture, opération toujours longue, dispendieuse et qui déplace tant d'intérêts.

En résumé, tout se réunit en faveur de la fabrication indigène : les droits inviolables de tout produit métropolitain sur les produits coloniaux, les droits acquis par trente années d'efforts, de sacrifices et de succès, les droits de la justice ordinaire, car c'est sur la foi de la protection dont elle a joui qu'elle a emprunté des capitaux, construit des établissements, hasardé des essais, donné un grand essor à son industrie; les droits que possède toute industrie, dont les perfectionnements journaliers permettent d'invoquer l'avenir; enfin, les droits qu'on peut appeler politiques, parce que la conservation du sucre indigène est une garantie d'indépendance pendant la guerre, comme elle est une source féconde de travail et de prospérité pendant la paix.

## CHAPITRE IV.

### DE L'ÉGALITÉ D'IMPOT.

En présence de deux systèmes tranchés, dont l'un est pour la suppression de la fabrication, et l'autre pour son maintien et son développement, il s'est formé un troisième parti qui, n'osant pas manifester d'opinion bien arrêtée, de crainte de froisser des intérêts contraires, se borne à demander *que deux produits également français soient soumis au même impôt.*

Quoi de plus juste en apparence? on évite les mots blessants d'interdiction et de ruine, et on a l'air de ne réclamer qu'une assimilation équitable; mais au fond, cette opinion est la plus dangereuse pour l'industrie française, car elle est la plus perfide. Au nom du droit commun, elle demande la plus flagrante injustice, l'inégalité la plus réelle. Nous allons le prouver.

Il est avéré que dans les circonstances actuelles le prix du sucre étant peu élevé, une aggra-

vation quelconque d'impôt ruinerait la plupart des fabricants ; n'oublions pas que la loi de 1837 a fait fermer près de deux cents fabriques, réduit de moitié la production; et si depuis 1840 le nombre des usines et leur rendement a repris une marche ascensionnelle, cette recrudescence d'ailleurs insignifiante (1) n'est due qu'à l'appât offert par la suppression avec indemnité. M. Dumon, député de Lot-et-Garonne, qu'on ne taxera certes pas de partialité en faveur de la betterave, le déclare solennellement dans son rapport (*page* 5, *séance du* 29 *avril* 1842.) « Il est de no-
« toriété publique, dit-il, que l'espérance d'une
« indemnité a donné à la fabrication du sucre in-
« digène une activité désordonnée ; comme on
« pensait que la quotité de l'indemnité serait ba-
« sée pour chaque fabrique sur la quotité de la
« production, on a voulu produire à tout prix,
« dans l'assurance *que les pertes dans la fabrica-*
« *tion* seraient amplement compensées par la
« quote-part dans l'indemnité. Nous avons re-
« cueilli sur ce point des renseignements confor-
« mes à la notoriété publique. Des usines en chô-
« mage se sont rouvertes, les usines en activité
« ont exagéré leur production. » Ainsi donc les

(1) L'augmentation de 1840 à 1842 n'a été que de neuf fabriques et de 4 millions de kilogrammes de sucre.

adversaires de la betterave le reconnaissent. Loin de réaliser de grands bénéfices, il y a des fabricants qui travaillent aujourd'hui même *avec perte*, et si pendant les deux dernières campagnes il y a une augmentation dans la production, cette surexcitation est due à l'espoir d'un remboursement avantageux et non à l'état encore trop prospère de l'industrie.

Or, si les droits sont déjà assez lourds pour que le travail soit onéreux pour les uns et à peine rémunéré pour les autres, une augmentation quelconque amènerait une ruine inévitable, et comme *l'égalité d'impôts* doublerait à peu près les droits dont les fabriques sont aujourd'hui grevées, cette mesure si bénigne en apparence serait en réalité *la suppression de la fabrication sans aucune indemnité*, une expropriation sans rachat. Si l'interdiction avec rachat est déjà une mesure monstrueuse sous tous les rapports, car entre autres inconvénients elle n'indemnise que les riches et laisse les pauvres sans travail, que doit-on penser de la suppression sans aucune espèce de compensation pour personne? Répétons-le donc, dans l'état actuel des choses, l'égalité d'impôt, appelée par son nom, veut dire interdiction sans indemnité, ce qui signifie spoliation.

Voilà pour l'application immédiate. Quant à la mesure en elle-même, voyons si elle est équitable en principe. Supposons qu'on peut, sans léser les intérêts de la métropole, mettre sur le sucre de betterave un droit semblable à celui que la douane prélève sur les sucres d'outre-mer, cette assimilation serait une inégalité en faveur des colonies, par cette simple raison que le colon ne supporte pas les mêmes charges que le régnicole.

Pour le prouver, reproduisons un passage extrait de l'appendice aux notices statistiques officielles des colonies, page 25, ainsi conçu : « L'im-
« pôt foncier n'existe pas aux colonies, en ce sens
« que la terre n'y est pas directement imposée
« et que les immeubles des villes sont seuls taxés
« à raison de leur valeur locative; mais l'absence
« des contributions territoriales est compensée
« par l'impôt établi sur l'agriculture coloniale
« proportionnellement au nombre des bras em-
« ployés par chaque habitant, impôt connu sous
« le nom de capitation des noirs. Cette contribu-
« tion se perçoit à l'île Bourbon, en partie direc-
« tement, et le surplus, ainsi que dans les autres
« colonies, sous forme de droit acquitté par les
« planteurs à la sortie de leurs denrées. » Voici

le relevé des contributions aux colonies d'après la même autorité.

*Impôts payés par les habitants des quatre colonies à sucre en 1838* (1).

CONTRIBUTIONS DIRECTES.

| | |
|---|---:|
| Capitation des noirs de grande et petite culture... | 1,448,000 fr. |
| Capitation des villes et impôt sur les maisons.... | 604,000 |
| Droit de patente................ | 342,000 |
| Contribution personnelle............ | 240,000 |
| Total... | 2,634,000 |

CONTRIBUTIONS INDIRECTES.

| | |
|---|---:|
| Droits d'enregistrement, d'hypothèques, de greffe, de douanes, etc................ | 3,149,087 |
| Total.... | 5,783,087 fr. |

Ainsi les frais que supportent les habitants des quatre colonies pour leur administration intérieure sont de près de six millions par an. Ce chiffre, divisé par la population, qui était dans la même année de 372,418 âmes (*même appendice*, page 11), sans compter les employés civils et militaires, donne comme impôt moyen 17 francs par tête, tandis qu'un calcul analogue appliqué à la métropole fait ressortir l'impôt moyen à

---

(1) L'année 1838 a été choisie de préférence par le rédacteur officiel, comme exprimant plus exactement le chiffre ordinaire des impôts.

plus de 38 francs par tête, en se basant sur 1,284,105,960 (1) de contribution annuelle à répartir entre 38,540,910 habitants, nombre de la population d'après le recensement de 1837.

Mais l'auteur de l'ouvrage officiel auquel nous avons emprunté les renseignements qui précèdent est arrivé, par une soustraction commode, à un résultat tout différent. Premièrement, il ne compte pas comme faisant partie de la population des colonies 6,683 (*le même*, page 11) fonctionnaires civils et employés militaires. Secondement, il ne porte la population libre qu'à 114,000 âmes, tandis qu'à la page 11 il l'a évaluée à 120,000, et enfin il retranche tous les esclaves, et fait supporter l'impôt de 6 millions seulement à 114,000 colons. Ce résultat obtenu, il le compare aux contributions totales de la France, qu'il réduit à un milliard et qu'il divise par la population *entière*, en comprenant les propriétaires, les ouvriers, les employés, les domestiques, l'armée, la marine, etc. Par ce calcul ingénieux, il arrive naturellement à prouver que le colon paye 52 fr. d'impôt au lieu de 17, et le régnicole 31 au lieu de 38. (*Appen-*

---

(1) Telle est l'évaluation des recettes pour l'exercice de 1843. On sait que les dépenses présumées surpassent les recettes de 27 millions, et que ce chiffre n'indique pas encore le montant du budget définitif.

*dice des notices statistiques sur les colonies françaises, imprimé par ordre du ministre secrétaire d'État de la marine,* octobre 1840, page 28.)

L'inexactitude et la mauvaise foi d'un semblable calcul sont évidentes ; on ne peut comparer que deux choses semblables, et si l'on veut peser avec équité les charges des deux pays, en les répartissant sur chaque habitant, il faut dans les deux pays diviser le montant des contributions par la population totale, ou bien ne compter de part et d'autre que la classe des contribuables. D'ailleurs l'esclave ne paye pas lui-même de contributions, parce qu'il n'a pas le bénéfice de son travail ; son maître, ayant tout le profit, paye par conséquent l'impôt pour lui ; mais en France, les contributions personnelles mobilières ou immobilières, directes ou indirectes, étant comprises dans la valeur de l'objet manufacturé ou de la journée de l'ouvrier et de l'artisan, c'est en définitive, dans les deux pays, toujours l'homme qui fait travailler qui paye l'impôt. Le calcul officiel est donc complétement faux.

Lorsqu'on a intérêt à augmenter l'importance des colonies pour les comparer à la France, on calcule, comme M. Charles Dupin, toute la surface géométrique des deux pays, parce que les colonies ayant beaucoup plus de terrains indéfrichables que défrichés, incultivables que cultivés, on arrive, en comptant les rochers, les marais, les forêts vierges, à prouver que nos quatre colonies à sucre sont le quart de la France. Lorsqu'il s'agit de comparer les populations, on compte les nègres, les négresses, les négrillons comme citoyens français. Mais lorsqu'il s'agit, par un calcul statistique, d'apprécier si les colons sont plus ou moins imposés que les régnicoles, on retranche d'un trait de plume toute la population esclave, une partie de la population libre, les employés civils et militaires, afin de prouver, contre l'évidence des faits, que les colonies sont plus imposées que la métropole.

Il est triste d'avoir à enregistrer de semblables inexactitudes dans un travail fait par ordre du ministre de la marine. Que doit-on penser d'une administration qui oublie à ce point son premier devoir, l'impartialité, et qui, dans le but de nuire à une industrie dont dépend la prospérité de tant de départements, n'hésite pas à donner comme officiels des résultats complétement controuvés?

D'autres écrivains comptent au nombre des contributions payées par les colons les droits de douane qui pèsent sur leurs produits; mais ce droit est en définitive payé par le consommateur de la métropole, tant que le prix de vente n'est pas au-dessous du prix de revient; et d'ailleurs le droit sur les sucres coloniaux est bien moins oppressif que celui qui frappe l'industrie indigène, parce qu'il se prélève sur la consommation et non sur la fabrication. En effet, le colon ne paye le droit sur le sucre qu'au moment où il le vend; jusquelà il est exempt de taxe. En France, au contraire, le fabricant est toujours en avance avec le fisc, qui pénètre dans son intimité, épie tous ses mouvements, sonde tous les coins et recoins de sa maison (1), et impose le droit avant même que le sirop soit cristallisé, avant que le produit de l'industrie ait reçu la forme qui lui donne sa valeur. Tant que le fabricant français n'a pas vendu son sucre, il perd tout l'intérêt de l'argent qu'il a donné aux contributions indirectes.

Les délégués des colonies comptent encore comme un dépôt indirect des plus onéreux (2) l'effet du monopole qui oblige les colons à ne consommer que des produits de la métropole; mais cette obligation n'est onéreuse que pour la farine

(1) Les employés du fisc ont le droit de faire murer les portes de communication entre une usine et les maisons adjacentes. Si, en France, le charbonnier est maître chez lui, on ne peut, certes, pas en dire autant du fabricant de sucre.

(2) M. Jollivet évalue cette obligation à un impôt de 12 millions. On reconnaît là l'exactitude des calculs des colonistes.

de froment, qui d'ailleurs est en partie consommée par les garnisons, et pour la morue, car tous les autres objets sont de la même nature que ceux que la France exporte dans les îles étrangères et dans l'Amérique en général, comme on peut s'en convaincre en consultant les documents de l'administration des douanes. Ce n'est donc pas une charge pour les colons d'être obligés à n'employer que des produits français, tels que les tissus de soie, de coton, de laine, de lin, les vins, poteries, merceries, parfumeries, peaux ouvrées, huile d'olive, chandelles, viande salées, poissons de mer marinés, etc., puisque les habitants de Haïti, des possessions anglaises et espagnoles en Amérique, et surtout des États-Unis, trouvent avantageux de faire venir de France ces mêmes objets.

Les colons sont exempts d'une autre charge qui pèse indistinctement sur le régnicole; c'est la conscription. Certes, l'obligation de rester huit ans sous les drapeaux doit compter comme un lourd impôt, à une époque où tout se mesure au poids de l'or, les droits politiques comme les devoirs du citoyen.

Le service militaire peut à la rigueur être évalué à un impôt annuel de 160 millions de francs, car, d'après la loi de la population, il y a tous les ans, sur 33 millions d'âmes, 286,000 hommes qui atteignent l'âge de 20 à 21 ans et qui sont aptes à la conscription ; retranchant de ce nombre 86,000 individus qui peuvent avoir des causes légales d'exemption, il reste au moins 200,000 hommes qui peuvent êtres appelés à tirer au sort et qui, pour se prémunir contre les chances défavorables, auraient chacun 800 francs à payer aux sociétés d'assurance; c'est donc 200,000 fois 800 francs qu'il faut compter comme valeur de l'impôt de la conscription, si l'on veut réduire en chiffres le devoir sacré de servir son pays.

Non-seulement les colons ne sont point contraints à payer cette dette à la commune patrie, mais les hommes du continent sont enlevés à l'agriculture et envoyés aux colonies pour défendre les colons contre leurs esclaves, et cette protection de la métropole lui coûte annuellement 7,000,000.

*Recettes pour 1840 des quatre colonies à sucre.*

| | |
|---|---|
| Recettes locales pour les quatre colonies à sucre. . . . . . . . | 6,284,037 f. |
| Crédits alloués par la métropole au budget de la marine. . . . . . . | 7,295,903 |
| Total des recettes: . . | 13,579,940 (1) |

(1) Dans les recettes, le rédacteur officiel a porté pour la Marti-

En résumé le colon profite du travail de l'esclave, moins cher que le travail de l'homme libre; ses impositions sont moins élevées, ses produits ne sont taxés qu'à la consommation ; il jouit de l'exemption des devoirs militaires; il est donc plus favorisé que le régnicole. Les fabricants de sucre de betterave ont donc le droit de dire au gouvernement, aux Chambres, au pays : « Nous
« voulons bien ne pas invoquer les priviléges et
« la protection accordés jusqu'ici à toutes les
« industries métropolitaines sur les produits colo-
« niaux ; mais alors nous demandons une justice
« égale pour tous. Nous consentons à l'égalité
« d'impôts sur les mêmes produits si vous sou-
« mettez les producteurs des deux pays aux
« mêmes charges; que le sucre indigène soit
« taxé aussi haut que le sucre des tropiques, le
« jour où le sol français ne sera pas plus imposé
« que le sol de nos colonies, le jour où l'homme
« de couleur libre recevra le salaire dû à son
« travail, le jour enfin où tout habitant des co-
« lonies payera sa dette à la défense de la com-
« mune patrie ; mais établir l'égalité de tarifs
« avant d'avoir établi l'égalité des charges, serait

nique les évaluations de 1839, de préférence à celles de 1840, à cause du tremblement de terre de 1839, qui a beaucoup réduit les recettes de l'année suivante. (Appendice, page 24.)

« la plus flagrante iniquité, car au nom de la
« justice vous auriez exproprié des milliers
« de Français, ruiné des milliers d'individus sans
« compensation; au nom de l'égalité vous auriez
« accumulé sur l'industrie de la métropole plus
« de charges que sur l'industrie coloniale; vous
« auriez donc commis un acte révoltant de
« tyrannie. *Car il n'y a point de plus cruelle*
« *tyrannie*, dit Montesquieu, *que celle que l'on*
« *exerce à l'ombre des lois et avec les couleurs de*
« *la justice, lorsqu'on va pour ainsi dire noyer*
« *des malheureux sur la planche même sur laquelle*
« *ils s'étaient sauvés.* »

# CHAPITRE V.

### ALLIANCE DES DIVERS INTÉRÊTS.

(Intérêts de la fabrication indigène, des colonies et des consommateurs.)

Les résultats présentés dans les chapitres précédents nous semblent prouver jusqu'à l'évidence que la fabrication du sucre indigène doit être maintenue et protégée comme une des plus belles conquêtes industrielles dont le génie de l'empereur Napoléon ait doté la France. Mais il est aussi de toute équité que le gouvernement cherche les moyens de protéger les intérêts coloniaux, sans cependant oublier l'intérêt général des consommateurs.

Depuis 1830, le gouvernement s'est montré dans cette question ou bien coupable, ou bien inhabile : coupable s'il a voulu, comme nous le croyons, arriver par des voies détournées et des accusations exagérées à la suppression de la betterave ; inhabile si tel n'est pas le résultat auquel il a voulu parvenir.

En effet, dans tous les pays, gouverner c'est conduire, et si dans un pays libre un gouvernement ne peut pas *trancher* à lui seul toutes les questions, son devoir consiste du moins à les *bien poser*. De l'énoncé d'un problème dépend souvent sa bonne ou mauvaise solution.

Les ministres, en demandant naïvement aux conseils généraux de l'agriculture, des manufactures et du commerce, s'il fallait ou non *détruire* le sucre de betterave, commettaient une grande imprudence; car ils éveillaient les passions hostiles à la fabrication indigène, et leur doute sur sa conservation montrait clairement la possibilité d'une suppression complète. En engageant la discussion sur ce terrain vis-à-vis des parties intéressées, ils n'avançaient en rien la solution, car il était clair que chacun demanderait la ruine de son rival, sans se préoccuper de l'intérêt général de la France. Si, au contraire, le gouvernement se fût prononcé énergiquement contre tout projet de destruction de la fabrication indigène, et, cette première base une fois posée, s'il eût mis au concours les moyens d'allier les intérêts rivaux, nul doute que depuis longtemps les deux industries vivraient en paix à l'abri de lois protectrices.

Supposons, par exemple, que le gouvernement soumît demain aux mêmes conseils la question de savoir s'il faut supprimer ou non le filage du lin à la mécanique dans l'intérêt des consommateurs, du commerce et de la marine, il susciterait contre cette belle industrie un épouvantable orage, car il y a tout à parier que les négociants des ports de mer viendraient énumérer complaisamment, comme ils le font aujourd'hui pour le sucre, tout ce qu'ils gagneraient en tonnage et en échange de marchandises par l'importation des fils et des tissus de lin étrangers.

Le grand art du gouvernement est de consulter toutes les capacités, en leur marquant le but et la route qu'il faut suivre, car sans cela on a beaucoup de bruit sans effet, beaucoup de travail sans résultat. Jamais il n'y a eu en France autant de savoir et d'intelligence mis en mouvement et aptes à concourir au bien-être général; jamais pourtant on n'a si peu produit; c'est qu'il n'y a aucun ensemble, aucune direction, aucun système, et la société, remplie d'idées sans faits et de faits sans pensées, se lasse de théories sans application, comme d'application sans suite et sans portée.

Une remarque essentielle trouve sa place ici : Rien, à notre avis, ne pourra remplacer, surtout pour le bien-être des intérêts matériels, le conseil d'État tel qu'il était organisé sous l'Empire ; car pour rédiger de bonnes lois spéciales il faut des hommes spéciaux et impartiaux, qui, dégagés d'influences politiques, placés sur un terrain neutre, s'occupent, après une discussion approfondie, à mettre dans les lois, à côté de la théorie scientifique, la pratique de l'expérience.

Sous l'Empire, le conseil d'État, composé d'hommes éclairés et divisés en sections spéciales, était chargé de rédiger et de discuter les projets de lois *avant de les soumettre* à l'approbation des Chambres, et de même que les machines de guerre et d'industrie, avant d'être livrées au public, subissent dans l'atelier des épreuves que l'art a reconnues nécessaires, de même sous l'Empire, les lois avant d'être lancées dans le monde politique, étaient pesées, analysées, discutées sans esprit de parti, sans emphase, sans précipitation, par les hommes les plus compétents de la France. Aujourd'hui, au contraire, toutes les lois sortent improvisées des portefeuilles des ministres, et sont commentées ou morcelées par une commission dont les membres, souvent étrangers aux questions soumises, rédigent la loi suivant le désir de fortifier ou de renverser un ministère, selon que l'intérêt de la localité qu'ils représentent est favorable ou opposé à l'intérêt général.

Dans la question qui nous occupe, il y a eu rapports sur rapports, enquêtes sur enquêtes, lois sur lois ; et depuis douze ans elle a toujours été en s'obscurcissant. Le mal s'est aggravé, les Chambres ont tantôt protégé par leurs votes le sucre indigène au détriment du sucre colonial, tantôt le sucre colonial au détriment du sucre indigène, ou enfin le sucre étranger au détriment des deux autres. Ce résultat est naturel; quelque capacité qu'ait un ministre ou les membres d'une commission, d'une assemblée législative, leur travail ne sera jamais aussi parfait que si, après l'élaboration des hommes spéciaux, il avait suivi préalablement une discussion approfondie.

Dans l'état actuel c'est la presse qui est chargée de faire le travail préparatoire du conseil d'État; mais elle ne le remplace pas, personne n'étant chargé de recueillir, d'analyser, de coordonner toutes les bonnes et utiles idées qui retentissent dans la presse quotidienne et périodique.

Pour allier les différents intérêts engagés dans la question des sucres, on a proposé plusieurs systèmes que nous croyons inutile de rappeler ; nous nous bornerons à émettre uniquement notre opinion sur les moyens les plus propres à obtenir un résultat que tout le monde doit appeler de ses vœux.

Nous proposons les modifications suivantes à la législation actuelle :

1° Diminuer de 7 fr. par 100 kil. l'impôt qui frappe la fabrication indigène, et reporter sur la *consommation* le droit qui frappe aujourd'hui la *fabrication*.

2° Soumettre les sucres de Bourbon au même taux que les sucres des Antilles françaises.

3° Supprimer l'élévation de droit qui place les sucres bruts blancs des colonies dans une position moins favorable que les sucres d'une autre nuance.

4° Réduire les taxes à l'entrée sur les produits coloniaux qui n'ont point de similaires en France.

5° Abaisser de 70 à 67 par 100 kil. le rendement des sucres coloniaux à leur sortie à l'état de raffinage, et porter de 70 à 75 par 100 kil. le rendement sur les sucres étrangers.

6° Permettre aux colonies l'exportation directe à l'étranger de leurs sucres sur bâtiments français.

7° Les autoriser à raffiner chez elles le sucre

qu'elles consomment et qu'elles peuvent exporter directement à l'étranger.

8° Enfin, établir dans l'intérêt des deux productions françaises, et pour l'avantage des consommateurs, une surtaxe sur les sucres étrangers, mobile et proportionnelle au prix courant des sucres.

Examinons les conséquences de pareilles mesures.

*Sucres indigènes.*

Le sucre indigène est une matière éminemment imposable, et le gouvernement a bien fait de le grever d'un impôt. Cependant il est positif que la transition a été trop brusque et contraire à tous les principes de justice et de bonne politique ; car l'effet produit par cet impôt a été de ruiner les fabriques qui ne se trouvaient pas en plein rapport, en état prospère, et d'augmenter, au contraire, l'activité des autres. On a tué le faible au profit des forts, on a empêché la fabrication de se répandre dans les départements où l'agriculture était moins perfectionnée, là où elle aurait produit un immense avantage pour le sol comme pour le bien-être des classes ouvrières, et on l'a forcée de concentrer là où la richesse du sol, l'abondance des capitaux, l'ancienneté enfin des établissements lui permettaient seules de lutter contre l'impôt. M. le baron Charles Dupin signale avec raison cet effet comme un inconvénient; mais la faute ne retombe t-elle pas sur ceux qui ont toujours fait leurs efforts pour grever cette industrie et empêcher ses progrès? Le moyen de remédier à cet inconvénient serait de diminuer l'impôt de 7 fr. par 100 kilogrammes. Cela permettrait à d'autres fabriques de s'établir dans d'autres départements; et l'intérêt du pays comme le devoir du gouvernement est de répandre les bienfaits de cette industrie sur toute la surface de la France, d'encourager les nouvelles fabriques au lieu de les concentrer sur quelques points privilégiés.

Une amélioration importante à introduire serait d'alléger la charge que supportent les fabricants en rendant la perception de l'impôt moins vexatoire et en adoptant le système employé pour les eaux-de-vie, dont le droit se prélève à la consommation. Ce changement paraît d'autant plus facile et profitable, que M. Molroguier, l'un des chefs les plus distingués de l'administration des impôts indirects, recommande ce changement dans son examen de la question des sucres, et prouve qu'il y aurait avantage, non-seulement pour les fabricants, mais même pour le trésor, qui éviterait par ce moyen toute chance de fraude.

*Exportation directe à l'étranger du sucre des colonies, raffinage et rendement.*

Permettre aux colonies d'exporter directement à l'étranger sur navires français le sucre qu'elles n'auraient pas trouvé à placer sur le marché de la métropole, serait relever leur commerce et augmenter leur bien-être. Cette mesure est tellement dans la nature des choses, que les gouverneurs de la Martinique et de la Guadeloupe eurent recours à ce moyen, en 1839, pour faire écouler les produits qui encombraient ces colonies, et qui étaient, par extraordinaire, il est vrai, plus chers sur les marchés étrangers que sur les marchés français.

Il est probable néanmoins que les colonies en trouveraient le placement hors de France, puisque depuis 1834 on en a exporté des entrepôts français même à l'état brut, quoique une double traversée ait dû en augmenter le prix. Voici le tableau des réexportations. (*Voy. Documents de l'administration des douanes*, p. 1841, p. XIV.)

| ANNÉES. | RÉEXPORTATION DES SUCRES COLONIAUX. ||
|---|---|---|
| | BRUTS. | RAFFINÉS. |
| 1834 | 53,056 kil. | 53,351 kil. |
| 1835 | 4,350 875 | 1,259,625 |
| 1836 | 5,570,000 | 6,538,732 |
| 1837 | 652,361 | 2,085,075 |
| 1838 | 9,305,962 | 2,779,177 |
| 1839 | 8,514,105 | 6,366,427 |
| 1840 | 172,702 | 466,107 |
| 1841 | 357,607 | 40,952 |

Récemment encore un journal rapportait une pétition des colonies où la demande d'une exportation libre était formulée.

Les États-Unis leur offriraient peut-être un débouché certain, car la Louisiane voit diminuer journellement la culture de la canne à sucre. Dans l'état actuel nos quatre colonies sucrières reçoivent de l'Amérique et des colonies étrangères annuellement pour neuf millions de valeurs ; elles n'y exportent en retour que pour six millions.

Le sucre les relèverait donc de leur infériorité dans la balance de leur commerce particulier.

Mais si, à cause de la chèreté de leur production, il leur était impossible de placer à l'étranger leurs sucres bruts, le devoir de la métropole serait de leur permettre de les raffiner tout en en prohibant l'entrée en France ; car, ou les colonies n'exporteraient à l'étranger, à l'état de raffinage, que l'excédant de ce qu'elles n'auraient pas pu placer en France à l'état brut, et cette faible soustraction n'apporterait aucun changement dans leurs relations avec la métropole, ou bien elles exporteraient directement à l'étranger la plus grande partie de leurs sucres, et alors la France recevrait des colonies étrangères le sucre dont elle aurait besoin pour compléter son approvisionnement ; mais dans ce cas cette introduction ne nuirait à aucun intérêt national, tout en offrant de plus grands bénéfices au trésor.

D'ailleurs en baissant le rendement sur les sucres raffinés des colonies et en élevant le rendement sur les sucres étrangers à leur sortie, les colonies trouveraient peut-être un avantage à faire raffiner leurs sucres en France, et se borneraient dans ce cas à raffiner leur sucre de consommation. Quoique cette quantité ne se monte qu'à 115,000 kilogrammes, ce serait toujours un grand bénéfice, car actuellement elles ne peuvent consommer leur production qu'après lui avoir fait traverser deux fois l'Atlantique.

Dans tous les cas et suivant toutes les probabilités, les exportations de France ne diminueraient pas ; elles augmenteraient au contraire, la condition des Antilles venant à s'améliorer d'une manière sensible ; car plus une colonie est florissante, plus ses relations commerciales avec la métropole se multiplient. L'Angleterre exporte ses produits dans l'Amérique du Nord en bien plus grand nombre depuis que celle-ci a grandi dans l'indépendance. Le commerce espagnol profite bien plus de la liberté maritime accordée à l'île de Cuba que si on y avait maintenu un monopole oppressif. Nos colonies, objecte-t-on, s'approvisionneraient plutôt en Angleterre que chez nous. Mais d'abord nous consommerions probablement toujours une grande partie de leurs sucres, et le même échange aurait lieu; ensuite les habitudes, les goûts, les besoins des colonies ne changent pas, alors même qu'elles se séparent de la mère patrie. Les deux pays cités plus haut nous en offrent la preuve. Il en est une plus frappante dans l'exemple de Saint-Domingue, qui a continué à préférer nos produits à ceux de l'Angleterre ; dans l'exemple de l'île Maurice, qui s'approvisionne encore chez nous d'un grand nombre de marchandises, quoiqu'elle-même, passée sous la domination anglaise, ne nous apporte presque aucun de ses produits. En 1841 nous y avons exporté pour une valeur de 6,412,147 et nous n'en avons tiré que pour 75,612 francs. (*Voyez Documents de l'administration des douanes.*)

Enfin ce qui peut encore faire prévoir que nos

colonies ne cesseraient pas pour cela de s'approvisionner en France, c'est que les États-Unis d'Amérique et les colonies étrangères viennent chercher chez nous les mêmes espèces de marchandises que nous exportons aux colonies, le froment excepté. La France exporte pour 21 millions de francs de valeur dans les possessions anglaises, danoises, hollandaises, espagnoles en Amérique, et n'en reçoit que pour 15 millions, et la valeur de son commerce avec les États-Unis s'est élevée, en 1841, à la somme énorme de 340,632,706 fr. (*Doc. de l'adm. des domaines.*) Il n'y a par conséquent aucune raison de croire que les colonies iraient chercher ailleurs les objets que les Américains eux-mêmes trouvent avantageux de recevoir de la France. D'ailleurs, cette liberté commerciale existe déjà en grande partie pour Bourbon et Cayenne; a-t-elle nui en rien au commerce français ?

Il y a de plus un argument à faire valoir aux yeux de ceux qui mettent les colonies sur le même pied que la métropole. Puisque, d'après leur avis, le sucre colonial est un produit aussi français que les produits qui viennent des rives de la Seine, c'est donc absolument la même chose que des navires français échangent à l'étranger du sucre colonial français contre des marchandises étrangères, ou bien qu'ils exportent des marchandises françaises pour rapporter du sucre étranger.

En examinant tous les faits, on s'étonne de voir combien, dans les rapports internationaux, la routine apporte encore d'entraves aux améliorations et au développement des relations commerciales.

Le monopole du commerce colonial a été institué dans l'intérêt de la métropole, afin de favoriser son commerce et d'accroître sa prospérité, et maintenant que la révolution opérée par la betterave et par la perte de nos autres possessions en Amérique, a rendu ce monopole nuisible et à la métropole et aux colonies, on s'obstine à le maintenir !

*Sucres de Bourbon.*

Nous avons déjà dit pourquoi on devait mettre sur les sucres de Bourbon les mêmes droits que sur les sucres de la Guadeloupe et de la Martinique ; ce serait de l'équité : on doit protéger ceux qui souffrent et non ceux qui prospèrent. Les Anglais ont pris l'initiative de mesures semblables, puisque, à l'opposé de ce qui se pratique en France, ils ont mis un droit plus élevé sur le sucre de l'Inde que sur le sucre de leurs Antilles.

#### SUCRES BLANCS.

Nous n'avons pas besoin de revenir sur l'opportunité de la mesure qui tendrait à faire disparaître le droit différentiel dont on a frappé les sucres blancs. Il est évident que l'obligation imposée aux colons de n'envoyer que des sucres très-impurs en France, afin de conserver à cette denrée toute sa pesanteur transportable, est une loi barbare.

#### *Produits coloniaux autres que le sucres.*

On a conseillé depuis longtemps au gouvernement de réduire les taxes à l'entrée des produits coloniaux qui n'ont pas de similaires en France, comme un moyen avantageux pour les deux parties. Cela engagerait les colonies à ne plus persévérer dans une culture exagérée de la canne, et, au contraire, à reprendre la culture du café, du cacao, du girofle et du coton. Le trésor, il est vrai, y perdrait momentanément; cependant le café, entre autres, devenant meilleur marché, il en serait fait une plus grande consommation, ce qui offrirait un double avantage : le premier d'équilibrer la perte ; le second, et il est précieux pour les classes pauvres de la société, de remplacer les boissons spiritueuses par des boissons chaudes, véritable bienfait hygiénique. Enfin, avec le café, la consommation du sucre augmenterait en proportion.

### Surtaxe.

Quant à la surtaxe sur les sucres étrangers, il faut qu'elle soit mobile, et proportionnelle au prix courant des sucres, imitant ainsi ce qui existe déjà pour les blés étrangers. Sans cela deux écueils à redouter. Si on la fixe trop bas, comme cela a lieu depuis 1830, le sucre étranger devient un concurrent dangereux pour les produits français; si on la fixe à un taux trop élevé, on tombe dans l'inconvénient que l'enquête de 1829 révèle par ces paroles : « La surtaxe établie en 1822 avait « été calculée de manière à expulser les sucres « étrangers de notre consommation, alors même « que *nos colonies ne pourraient satisfaire à toutes* « *nos demandes.* »

Or, en établissant la surtaxe proportionnelle, lorsque le prix des sucres serait trop élevé, on laisserait entrer les sucres étrangers, ce qui serait dans les intérêts des consommateurs, et même des raffineurs. Lorsque le sucre serait à un prix très-bas, la surtaxe sur les sucres étrangers atteindrait un taux prohibitif, afin que ce troisième produit ne vînt pas par sa présence dans les entrepôts peser sur le marché, encombrer la place, et produire les crises commerciales qu'on a si souvent eues à déplorer.

Ainsi donc, il ne dépend que du gouvernement et des Chambres de rendre la vie à l'industrie indigène et aux colonies, sans nuire aux intérêts des consommateurs. Mais, pour arriver à cet immense résultat, il faut ne se proposer qu'un but, la prospérité générale de la France, et fouler aux pieds ces vues égoïstes et mesquines d'intérêts privés qui nuisent toujours à une nation, et qui déshonorent les représentants d'un grand peuple.

## CHAPITRE VI.

### RÉSUMÉ.

De graves intérêts français sont en souffrance ; ils réclament un remède prompt, efficace. Un palliatif ne ferait qu'aggraver la situation : l'incertitude de l'avenir est le pire de tous les maux.

La question doit être nettement posée, la solution décisive.

Puisque c'est l'existence de la fabrication du sucre de betterave qui est compromise, il importe avant tout de savoir à qui profiterait la suppression, et dans quel intérêt on veut l'obtenir.

1º Est-ce en faveur des colonies ?
2º Est-ce en faveur des étrangers ?

Sortir de ce dilemme est une nécessité impérieuse, car les Chambres doivent peser mûrement les conséquences des mesures qu'on leur propose.

Dans le premier cas, si c'est franchement, sincèrement en faveur des colonies que le sacrifice intérieur doit s'accomplir, qu'on adopte alors les mesures les plus propres à amener ce résultat. Qui veut le but doit vouloir les moyens.

Il faut nécessairement élever la valeur du principal produit en haussant la surtaxe (1), et assurer l'avenir de la production en déclarant le maintien de l'esclavage; car avec la concurrence étrangère, point de prix rémunérateur, partant point de soulagement; sans sécurité pour l'avenir, point de prospérité.

Or, la surtaxe est seulement aujourd'hui de 20 francs pour 100 kilogrammes sur les sucres étrangers. Ceux-ci envahissent le marché dans une proportion toujours croissante, et remplacent ainsi ce que la fabrication indigène livre de moins depuis l'impôt dont on l'a grevée.

Si la betterave disparaissait entièrement, la lacune serait comblée à l'instant même. Pour améliorer la situation des Antilles, il faudrait donc élever la surtaxe, et l'élever considérablement; nous avons vu que lorsque les produits des colonies étaient seuls en présence des produits étrangers, les taux de 27 fr. 50 c., de 30 fr., de 40 fr.,

---

(1) Ce que nous disons ici vient d'être confirmé par la pétition du conseil colonial de la Martinique, présentée par le maire de cette île, M Huc. Les colons réclament : 1° interdiction avec indemnité de la fabrication indigène; 2° *élévation de la surtaxe sur les sucres étrangers!*

furent déclarés insuffisants en 1820, 1822, 1826, et les réclamations des colonies ne cessèrent que lorsque la surtaxe fut amenée au taux prohibitif de 50 fr.

Quant à l'avenir réservé aux esclaves, les colons ont besoin d'être rassurés. Autant vaut, nous le répétons, supprimer la culture de la canne que proclamer l'émancipation. Sans cesse sous le coup de cette mesure menaçante, les planteurs ne trouveront pas de capitaux qui veuillent s'aventurer à soutenir une industrie frappée de mort; leur malaise continuera à s'accroître, puisqu'une des causes de leur gêne est le taux élevé des capitaux dont l'emprunt leur est nécessaire.

Les deux moyens principaux que nous venons d'indiquer sont les seuls qui puissent réellement faire profiter les colonies de la suppression de la betterave; et si le gouvernement y avait recours, son action serait franche, loyale, les conséquences en seraient immédiates et certaines (1).

Cependant, d'un autre côté, cette première hypothèse serait totalement opposée à la prospérité générale de la France. On sacrifierait le travail libre de cent mille Français au travail forcé de

(1) Mais, au contraire, on a déjà laissé entrevoir, comme dans la pétition des négociants du Havre, qu'après avoir détruit la betterave on baisserait aussi la surtaxe sur les sucres étrangers.

quatre-vingt-dix mille esclaves? (Tel est le nombre des esclaves occupés à la culture de la canne dans nos quatre colonies.)

On sacrifierait un revenu annuel de 14 millions pour l'agriculture, de 8 millions pour les classes ouvrières ; enfin un mouvement d'argent de 100 millions ; à une augmentation de recette pour le trésor de 7 à 8 millions tout au plus?

Il y aurait, dans ce cas, violation de tous les droits ; car les produits du sol français doivent avoir la priorité sur les produits des tropiques ; les colonies ont été établies dans l'intérêt de la métropole, et non la métropole dans l'intérêt des colonies.

Il y aurait violation de principes, car les intérêts de l'agriculture et de l'industrie ne doivent pas être lésés au profit du commerce extérieur et encore moins au profit du fisc.

Enfin, il y aurait violation manifeste des intérêts généraux ; car la prospérité de sept départements, dont la population s'élève à 4 millions d'habitants serait immolée à trente et un mille colons (1), et l'intérêt des consommateurs à deux îles de l'Océan. (Nous avons prouvé que la Mar-

---

(1) Il est clair que nous ne comptons pas les esclaves et les gens de couleur libres, puisqu'ils sont intéressés, au contraire, à la suppression de la canne à sucre.

tinique et la Guadeloupe sont les seules colonies en souffrance.)

Cette première hypothèse est donc impossible. Il est impossible, en effet, de faire remonter le prix des sucres à ce qu'il était sous la restauration. Il est impossible de restreindre la consommation d'une denrée devenue indispensable. Il est impossible d'arrêter la marche de la civilisation, et de dire aux hommes de couleur qui vivent sous la domination française : « Vous seuls ne se« rez jamais libres. »

Il est donc impossible que la suppression de la fabrication indigène se fasse au profit des intérêts coloniaux.

Reste donc la seconde hypothèse, la seule réalisable, la seule probable, la seule qu'on ait en vue, l'abandon de notre approvisionnement aux étrangers. En ce cas, rien de plus clair; il faut abaisser la surtaxe en entier, afin que l'avantage des consommateurs devienne au moins une sorte de compensation à la ruine de tant d'existences. Alors, il est vrai, non-seulement on aura abandonné l'avenir de l'agriculture, de l'industrie, de notre indépendance, mais on aura perdu aussi les colonies et les intérêts qui s'y rattachent : intérêts dont aujourd'hui on exalte tant l'importance au profit seul des colonies étrangères.

La prospérité de la France est donc totalement opposée à la destruction de la betterave, de quelque manière que l'on s'y prenne, de quelque côté qu'on envisage les conséquences. La conserver en alliant son existence au bien-être des colonies est la seule mesure praticable. La raison l'indique au gouvernement, son devoir l'y oblige.

Dans ce but, la première décision à prendre est d'expulser les sucres étrangers en les tenant en réserve au moyen d'un droit mobile et proportionnel au prix courant, afin de permettre leur entrée dans le seul cas où les productions françaises ne suffiraient pas à la consommation.

Quant aux colonies, la métropole ne pouvant plus leur permettre de disposer à elles seules du marché et d'y fixer les prix suivant leur convenance, elle doit relâcher les liens du monopole qui les étouffe, leur ouvrir des débouchés à l'étranger, et prendre les mesures dont nous avons parlé plus haut pour allier leur bien-être avec celui de la mère-patrie.

Ce système, ou tel système analogue, réconcilierait sans aucun doute les intérêts qui, aujourd'hui en présence, se font une guerre fratricide et acharnée. Mais nous craignons qu'aux yeux du pouvoir la prospérité de sept départements, le bien-être d'une grande partie de la classe ouvrière, la résurrection des colonies, tous ces grands avantages nationaux, enfin, disparaissent devant une question de fisc et surtout de condescendance pour les étrangers.

Il fut un temps où des hommes trop systématiques peut-être, mais honorables sans aucun doute, disaient : Périssent les colonies plutôt qu'un principe ! Aujourd'hui on dit : Périssent colonies, industrie, principes, pourvu que la recette du trésor ne diminue pas d'un centime !

Cependant la France a droit de demander à ceux qui gouvernent depuis douze ans, de deux choses l'une, ou la paix ou la guerre. Ou la guerre avec toutes ses chances, ou la paix avec tous ses bienfaits. Or, le premier bienfait de la paix est d'avoir des impôts peu élevés, et d'employer les ressources du pays à donner une grande activité aux relations industrielles, commerciales, et aux communications des hommes entre eux. Si nous sommes en paix, pourquoi dépenser depuis 1830 près de quatre milliards (1) pour dompter l'élite de la popu-

---

(1) Budgets définitifs depuis 1830 à 1839. . . 2,683,648,944 fr.
Budgets provisoires depuis 1840 à 1843 . . . . 1,120,955,459
                                    Total. . . . 3,804,604,403

Dans quelle admirable situation ne serait pas aujourd'hui la France si elle eût employé la moitié de cette somme, c'est-à-dire près de deux

lation au métier des armes, sans profit pour personne? ou bien, si la guerre nous menace, pourquoi ne pas employer ces hommes et ces millions à faire respecter la France?

Si nous avons la paix, pourquoi détruire une industrie florissante pour augmenter les revenus du trésor de sept ou huit millions, tandis que d'un autre côté on entretient une armée plus chère que celle qui vainquit à Eckmühl et à Wagram (1)? et pourquoi sacrifier trois cents millions à la fortification de Paris? pourquoi enfin être si prodigue d'un côté et si avare de l'autre?

Il semble que depuis douze ans on se soit imposé la tâche d'entraver toute attitude ferme et digne à l'extérieur, en montrant la crainte de la guerre, et d'entraver à leur tour à l'intérieur tous les grands projets que la paix protége et développe, sous le prétexte de guerre prochaine.

Ainsi, partout contradiction flagrante entre les paroles et les faits. On veut détruire, dit-on, l'industrie française au profit de la marine et des

milliards, à améliorer l'agriculture, à encourager l'industrie, ou à créer de nouvelles voies de communication!

(1) L'armée française, en 1809, forte de 736,000 hommes, a coûté 320,000,000 fr. en comptant même la garde impériale.

En 1840, l'armée, forte de 500,000 hommes, a coûté 367,253,184 f. L'administration centrale de cette armée a coûté, en 1809, 5,017,194 f. L'administration centrale de la guerre a coûté, en 1840, 6,838,776 f.

colonies, et l'on abandonne l'honneur et les intérêts de notre marine par l'adhésion au droit de visite, et l'on ruinera les colonies par l'émancipation des esclaves!

Cet abandon de tout système, cette confusion de toutes les notions du juste et de l'injuste, viennent du mépris où sont tombés les principes éternels sur lesquels se fondent la vie et la richesse des nations. On a voulu diviser ce qui est indivisible, mettant d'un côté les intérêts matériels, de l'autre les besoins moraux de la nation, comme si l'effet pouvait se séparer de la cause, comme si le corps pouvait se diriger et prospérer sans l'âme qui le conduit.

Pour un peuple l'honneur, pour un individu la morale évangélique, sont toujours les meilleurs guides et les meilleurs conseillers au milieu des embarras et des périls de la vie.

L'honneur montre aux peuples le chemin qu'ils doivent suivre, et il peut presque toujours se traduire en avantages positifs, palpables, en questions de tarif.

L'exemple des dernières années qui viennent de s'écouler ne suffit-il pas pour nous convaincre de cette vérité? Sous le prétexte de développer et d'encourager les intérêts matériels, on a abandonné une politique honorable, et les conséquences immédiates de ce système ont été l'établissement des douanes prussiennes, qui ferment l'est et le nord de l'Europe à notre commerce; la Confédération du Rhin s'est soustraite à notre influence et a repoussé nos produits. Bientôt nous ne fournirons même plus à notre intime et fidèle alliée, la Suisse, les deux principaux éléments de nos échanges, le sel et le sucre. L'Angleterre, pendant douze ans, nous a inondés de ses fils et tissus de lin sans abaisser les droits sur nos vins, cette première production du sol français. L'Espagne augmente ses tarifs pour restreindre nos exportations, et se livre à l'Angleterre, parce qu'elle sait qu'on ne peut pas compter sur l'alliance de la France. Enfin l'Amérique, à laquelle nous avons donné bénévolement vingt-cinq millions, a augmenté les droits sur nos produits. L'influence française a semblé disparaître de l'autre côté de l'Atlantique du jour où a cessé le traité de commerce fait par l'empereur Napoléon en faveur de nos vins du Midi.

Qu'on ne sépare donc pas l'honneur des intérêts matériels, qu'on ne bâtisse pas de faux systèmes de prospérité commerciale sur la ruine d'une industrie florissante et nationale. Qu'on se souvienne enfin de cette maxime de Montesquieu :

« *L'injustice et la couardise sont mauvaises ména-*
« *gères !* »

Quant à l'industrie indigène, qu'elle relève la tête, ses ennemis hésiteront à lui porter le dernier coup. Les Chambres, nous l'espérons, la couvriront de leurs votes protecteurs, et cette fille de l'Empire reviendra à la vie, si, au lieu de s'abandonner elle-même et de quêter une aumône, elle revendique hautement ses droits et répond à ses adversaires : « *Respectez-moi, car j'enrichis le*
« *sol, je fertilise des terrains qui, sans moi, res-*
« *teraient incultes ; j'occupe des bras qui, sans moi,*
« *resteraient oisifs. Enfin, je résous un des plus*
« *grands problèmes des sociétés modernes : j'or-*
« *ganise et moralise le travail.* »

| ANNÉES. | SUCRES IMPORTÉS ET FABRIQUÉS. | | | SUCRES ACQUITTÉS | | SUCRES RÉEXPORTÉS | | PROFIT NET du trésor SUR L'IMPORTATION des sucres. | PRIX MOYEN des 50 kilogr. DE SUCRE dit bonne 4e. | | CONSOMMATION INTÉRIEURE. |
|---|---|---|---|---|---|---|---|---|---|---|---|
| | COLONIAUX. | ÉTRANGERS. | INDIGÈNES. | DES COLONIES françaises. | de L'ÉTRANGER. | DES ENTREPOTS en même nature. | DE L'INTÉRIEUR après raffinage. | francs. | fr. | c. | kilogr. |
| | kilogr. | kilogr. | kilogr. | kilogr. | kilogr. | kilogr. | kilogr. | | | | |
| 1826 | 75,266,294 | 9,677,915 | 1,500,000 | 69,545,681 | 2,148,255 | 7,357,426 | 4,744,000 | 34,275,444 | 74 | 00 | 68,249,946 |
| 1827 | 65,828,406 | 12,428,244 | 2,200,000 | 59,575,255 | 944,576 | 9,250,157 | 6,528,700 | 24,056,455 | 78 | 50 | 55,998,951 |
| 1828 | 78,474,978 | 8,715,216 | 2,685,000 | 70,922,969 | 679,887 | 9,530,855 | 6,815,900 | 28,774,618 | 77 | 52 | 67,474,956 |
| 1829 | 80,996,914 | 11,694,918 | 4,583,000 | 74,010,058 | 529,094 | 7,794,549 | 9,536,400 | 27,657,989 | 75 | 20 | 69,582,752 |
| 1830 | 78,673,558 | 10,601,895 | 7,000,000 | 68,684,944 | 776,866 | 9,663,618 | 12,028,500 | 22,645,507 | 71 | 58 | 64,055,510 |
| Moyenne de 5 ans. 79,212,591 | | | | | | | | Moyenne de 5 ans. 26,877,602 | | | |
| 1831 | 87,872,404 | 9,584,928 | 9,600,000 | 81,289,574 | 445,803 | 10,700,815 | 15,827,200 | 27,131,488 | 65 | 45 | 76,908,174 |
| 1832 | 77,507,799 | 5,459,624 | 12,000,000 | 82,247,664 | 346,545 | 6,292,855 | 22,144,600 | 20,485,620 | 68 | 45 | 72,482,604 |
| 1833 | 75,597,243 | 6,407,800 | 20,000,000 | 69,948,686 | 1,588,476 | 4,529,244 | 15,007,200 | 24,654,552 | 68 | 50 | 76,499,662 |
| 1834 | 85,049,144 | 12,080,454 | 50,000,000 | 66,475,450 | 4,366,804 | 5,109,790 | 5,925,100 | 51,729,750 | 66 | 50 | 96,919,434 |
| 1835 | 84,249,890 | 10,454,289 | 40,000,000 | 69,559,548 | 5,292,480 | 12,497,403 | 3,999,800 | 50,995,748 | 65 | 79 | 106,652,228 |
| Moyenne de 5 ans. 78,448,329 | | | | | | | | Moyenne de 5 ans. 26,391,931 | | | |
| 1836 | 79,526,022 | 9,461,555 | 48,963,805 | 66,198,958 | 1,012,833 | 11,957,099 | 10,605,100 | 26,658,686 | 65 | 00 | 105,565,496 |
| 1837 | 66,555,565 | 10,618,467 | 49,225,094 | 66,489,668 | 5,342,966 | 7,978,433 | 5,901,600 | 30,731,543 | 61 | 50 | 115,157,125 |
| 1838 | 56,992,808 | 12,589,707 | 59,199,408 | 68,446,685 | 3,309,480 | 18,441,520 | 7,454,200 | 29,564,724 | 57 | 50 | 105,201,475 |
| 1839 | 87,664,895 | 6,595,818 | 22,742,957 | 71,615,062 | 655,540 | 14,771,577 | 9,248,500 | 24,844,110 | 55 | 05 | 85,799,059 |
| 1840 | 75,845,696 | 47,555,299 | 26,951,897 | 78,445,086 | 6,666,360 | 6,406,920 | 4,902,400 | 30,164,526 | 64 | 00 | 112,054,345 |
| Moyenne de 5 ans. 81,615,295 | | | | | | | | Moyenne de 5 ans. 28,388,711 | | | |
| 1841 | 75,850,823 | 21,541,846 | 50,495,624 | 74,514,503 | 12,042,268 | 6,540,906 | 10,808,500 | (*) 55,096,627 | 58 | 50 | 106,241,895 |

(*) Il faut ajouter au profit net du trésor les droits perçus sur le sucre de betterave, qui se montaient, en 1838, à 707,792 fr.; en 1839, à 5,572,994 fr.; en 1840, à 4,557,454 fr.; et en 1841, à 4,854,055 fr. Ajoutant ces trois premiers chiffres aux années correspondantes, on a, pour la dernière moyenne quinquennale du profit net du trésor, la somme de 30,416,355 fr.

Note. Les chiffres contenus dans ce tableau sont tous officiels. La production indigène est approximative jusqu'en 1835, parce qu'avant cette époque elle était libre d'impôts et échappait à un recensement exact; mais, depuis 1838, les chiffres ci-dessus sont extraits des documents fournis par l'administration des contributions indirectes. — Les chiffres indiquant les quantités de sucres réexportés après raffinage expriment des quantités de sucres bruts. Pour obtenir la quantité de sucre raffiné correspondante, il faut diviser le nombre donné par le taux du rendement 75 ou 70, et multiplier le quotient de cette division par 400. — La consommation intérieure est calculée ainsi : On ajoute ensemble les sucres acquittés, tant des colonies que de l'étranger et la production indigène, et on retranche de la somme la quantité de sucre exportée après raffinage. Pour avoir la consommation réelle, il faudrait ajouter aux chiffres ci-dessus la quantité de sucre de betterave qui échappe au fisc, et la quantité de sucre de pomme de terre produite, et qu'on évalue à 3 ou 4 millions de kilogrammes par an.

# MOUVEMENT DE LA NAVIGATION AVEC LES QUATRE COLONIES A SUCRE ET NAVIGATION GÉNÉRALE.

## TABLEAU E.

*(Chiffres officiels, d'après l'Administration des Douanes.)*

### COLONIES A SUCRE.

| ANNÉES. | MARTINIQUE | | GUADELOUPE | | BOURBON | | CAYENNE | | TOTAUX | | MOUVEMENT GÉNÉRAL DE LA NAVIGATION DE LA FRANCE. |
|---|---|---|---|---|---|---|---|---|---|---|---|
| | entrées et sorties réunies | | entrées et sorties réunies | | entrées et sorties réunies | | entrées et sorties réunies | | entrées et sorties réunies | | |
| | navires | tonnage | navires | tonnage | navires | tonnage | navires | tonnage | navires | tonnage | tonnage |
| 1831 | 290 | 76,003 | 389 | 93,395 | 112 | 34,377 | 50 | 8,514 | 841 | 213,349 | 1,568,000 |
| 1832 | 284 | 75,449 | 354 | 87,276 | 132 | 41,151 | 45 | 8,208 | 815 | 240,084 | 2,074,000 |
| 1833 | 212 | 54,257 | 280 | 70,824 | 135 | 42,424 | 40 | 7,736 | 667 | 175,235 | 1,881,000 |
| 1834 | 279 | 71,455 | 355 | 88,368 | 149 | 46,496 | 35 | 6,594 | 796 | 212,893 | 2,153,000 |
| 1835 | 283 | 70,879 | 337 | 86,191 | 157 | 48,088 | 45 | 9,105 | 822 | 214,261 | 2,183,000 |
| Moyenne de 5 ans. | 269. | 69,204. | 339. | 85,610. | 137. | 42,318. | 42. | 8,031. | 788. | 205,164. | 1,957,000. |
| 1836 | 240 | 65,142 | 319 | 85,879 | 146 | 44,842 | 57 | 12,595 | 762 | 206,381 | 2,499,000 |
| 1837 | 256 | 60,705 | 245 | 63,579 | 156 | 50,659 | 50 | 11,085 | 687 | 186,026 | 2,608,000 |
| (*) 1838 | 258 | 70,452 | 294 | 80,986 | 172 | 61,418 | 54 | 11,889 | 772 | 224,145 | 3,981,800 |
| 1839 | 260 | 67,899 | 316 | 82,955 | 146 | 47,859 | 44 | 9,375 | 766 | 208,066 | 3,569,000 |
| 1840 | 242 | 60,985 | 282 | 75,004 | 135 | 43,772 | 35 | 9,865 | 710 | 189,626 | 3,330,000 |
| Moyenne de 5 ans. | 247. | 64,576. | 290. | 77,678. | 150. | 49,646. | 51. | 10,947. | 739. | 202,848. | 5,017,000. |
| 1841 | 261 | 74,586 | 319 | 85,493 | 193 | 63,122 | 53 | 10,067 | 826 | 230,068 | 3,555,800 |

(*) A partir de 1838 l'évaluation officielle du tonnage des navires a été réduite d'environ quinze pour cent ; mais dans le Tableau ci-dessus, on a conservé l'ancien mode de jaugeage, afin de permettre d'établir la comparaison avec les années précédentes.

# VALEUR DU COMMERCE DE LA FRANCE AVEC SES QUATRE COLONIES A SUCRE.

## TABLEAU C.

(Chiffres officiels, extraits des Tableaux de l'Administration des Douanes).

| ANNÉES. | IMPORTATIONS EN FRANCE DE | | | | | EXPORTATIONS EN FRANCE POUR | | | | | IMPORTATIONS et exportations RÉUNIES. |
|---|---|---|---|---|---|---|---|---|---|---|---|
| | MARTINIQUE. francs. | GUADELOUPE. francs. | BOURBON. francs. | CAYENNE. francs. | TOTAL. francs. | MARTINIQUE. francs. | GUADELOUPE. francs. | BOURBON. francs. | CAYENNE. francs. | TOTAL. francs. | TOTAL. francs. |
| 1851 | 18,992,059 | 26,183,619 | 15,003,276 | 2,426,758 | 62,605,692 | 12,657,930 | 12,145,453 | 3,745,508 | 4,736,792 | 30,235,683 | 92,839,375 |
| 1852 | 16,403,337 | 23,366,978 | 14,914,248 | 2,000,528 | 56,682,664 | 24,259,468 | 22,908,494 | 5,537,403 | 2,027,046 | 51,732,408 | 108,414,769 |
| 1853 | 14,764,805 | 24,464,450 | 16,478,236 | 2,157,740 | 54,259,209 | 12,438,288 | 12,296,404 | 7,020,561 | 2,272,611 | 54,057,561 | 88,286,770 |
| 1854 | 17,250,560 | 24,556,015 | 16,343,882 | 2,249,732 | 60,549,987 | 14,464,877 | 14,584,955 | 8,743,725 | 2,156,572 | 59,750,129 | 100,100,416 |
| 1855 | 16,244,440 | 25,738,175 | 18,380,773 | 2,679,254 | 61,042,642 | 16,740,248 | 16,508,362 | 7,949,356 | 2,027,303 | 43,195,261 | 104,237,905 |
| Moyenne de 5 ans. | 16,728,396 | 23,801,243 | 16,157,597 | 2,312,802 | 58,988,334 | 15,302,102 | 15,648,270 | 6,592,311 | 2,044,063 | 39,787,748 | 98,773,786 |
| 1856 | 15,428,552 | 25,644,254 | 16,134,257 | 3,054,535 | 58,255,598 | 15,655,825 | 20,205,758 | 7,569,044 | 2,758,345 | 46,186,972 | 104,442,570 |
| 1857 | 15,428,410 | 17,236,252 | 15,455,411 | 2,762,054 | 48,880,127 | 17,307,864 | 17,614,966 | 10,776,498 | 3,098,444 | 47,797,469 | 97,677,596 |
| 1858 | 17,112,402 | 24,511,860 | 24,120,609 | 2,734,991 | 62,479,862 | 15,594,485 | 15,192,701 | 13,745,876 | 3,417,307 | 47,950,569 | 110,430,251 |
| 1859 | 18,650,745 | 25,921,860 | 24,254,453 | 2,905,471 | 65,712,499 | 16,587,528 | 14,559,977 | 11,686,629 | 2,682,275 | 45,516,407 | 111,028,906 |
| 1840 | 15,530,574 | 20,358,506 | 16,485,470 | 3,645,356 | 55,853,686 | 20,954,924 | 16,806,836 | 10,100,947 | 2,843,242 | 50,505,886 | 106,359,572 |
| Moyenne de 5 ans. | 16,002,086 | 21,728,746 | 18,083,640 | 3,019,881 | 58,836,058 | 17,180,123 | 16,875,647 | 10,775,733 | 2,919,913 | 47,751,420 | 106,587,773 |
| 1841 | 16,664,123 | 20,445,380 | 22,045,411 | 3,438,244 | 605,95,458 | 18,330,403 | 17,377,412 | 16,012,379 | 2,507,513 | 54,227,702 | 114,820,800 |

# EXTINCTION

DU

# PAUPÉRISME.

# AVANT-PROPOS.

Je dois dire un mot pour expliquer le titre de cette brochure.

On trouvera peut-être, comme un littérateur plein de mérite me l'a déjà fait remarquer, que les mots *Extinction du Paupérisme* ne se rapportent pas directement à un écrit qui a pour unique but le bien-être de la classe ouvrière.

Il est vrai qu'il y a une grande différence entre la misère qui provient de la stagnation forcée du travail, et le paupérisme, qui souvent est le résultat du vice. Cependant on peut soutenir que l'un est la conséquence immédiate de l'autre ; car, répandre dans les classes ouvrières, qui sont les plus nombreuses, l'aisance, l'instruction, la morale, c'est extirper le paupérisme, sinon en entier, du moins en grande partie.

Ainsi, proposer un moyen capable d'initier les masses à tous les bienfaits de la civilisation, c'est tarir les sources de l'ignorance, du vice, de la misère. Je crois donc pouvoir, sans trop de hardiesse, conserver à mon travail le titre d'*Extinction du Paupérisme*.

Je livre mes réflexions au public dans l'espoir que, développées et mises en pratique, elles pourront être utiles au soulagement de l'humanité. Il est naturel dans le malheur de songer à ceux qui souffrent.

Louis-Napoléon Bonaparte.

Fort de Ham, mai 1844.

# EXTINCTION

DU

# PAUPÉRISME.

### CHAPITRE PREMIER.

La richesse d'un pays dépend de la prospérité de l'agriculture et de l'industrie, du développement du commerce intérieur et extérieur, de la juste et équitable répartition des revenus publics.

Il n'y a pas un seul de ces éléments divers du bien-être matériel qui ne soit miné en France par un vice organique. Tous les esprits indépendants le reconnaissent. Ils diffèrent seulement sur les remèdes à apporter.

AGRICULTURE. Il est avéré que l'extrême division des propriétés tend à la ruine de l'agriculture, et cependant le rétablissement de la loi d'aînesse, qui maintenait les grandes propriétés et favorisait la grande culture, est une impossibilité. Il faut même nous féliciter, sous le point de vue politique, qu'il en soit ainsi.

Industrie. L'industrie, cette source de richesse, n'a aujourd'hui ni règle, ni organisation, ni but. C'est une machine qui fonctionne sans régulateur; peu lui importe la force motrice qu'elle emploie. Broyant également dans ses rouages les hommes comme la matière, elle dépeuple les campagnes, agglomère la population dans des espaces sans air, affaiblit l'esprit comme le corps, et jette ensuite sur le pavé, quand elle n'en sait plus que faire, les hommes qui ont sacrifié pour l'enrichir leur force, leur jeunesse, leur existence. Véritable Saturne du travail, l'industrie dévore ses enfants et ne vit que de leur mort.

Faut-il cependant, pour parer à ses défauts, la placer sous un joug de fer, lui ôter cette liberté qui seule fait sa vie, la tuer, en un mot, parce qu'elle tue, sans lui tenir compte de ses immenses bienfaits? Nous croyons qu'il suffit de guérir ses blessés, de prévenir ses blessures.

Mais il est urgent de le faire : car la société n'est pas un être fictif: c'est un corps en chair et en os, qui ne saurait prospérer qu'autant que toutes les parties qui le composent sont dans un état de santé parfaite.

Il faut un remède efficace aux maux de l'industrie : le bien général du pays, la voix de l'humanité, l'intérêt même des gouvernements, tout l'exige impérieusement.

COMMERCE INTÉRIEUR. Le commerce intérieur souffre, parce que l'industrie, produisant trop en comparaison de la faible rétribution qu'elle donne au travail, et l'agriculture ne produisant pas assez, la nation se trouve composée de producteurs qui ne peuvent pas vendre et de consommateurs affamés qui ne peuvent pas acheter ; et le manque d'équilibre de la situation contraint le gouvernement, ici comme en Angleterre, d'aller chercher jusqu'en Chine quelques *milliers* de consommateurs en présence de *millions* de Français ou d'Anglais qui sont dénués de tout, et qui, s'ils pouvaient acheter de quoi se nourrir et se vêtir convenablement, créeraient un mouvement commercial bien plus considérable que les traités les plus avantageux.

COMMERCE EXTÉRIEUR. Les causes qui paralysent nos exportations hors de France touchent de trop près à la politique pour que nous voulions en parler ici. Qu'il nous suffise de dire que la quantité de marchandises qu'un pays exporte est toujours en raison directe du nombre de *boulets* qu'il peut envoyer à ses ennemis quand son honneur et sa dignité le commandent. Les événements qui se sont passés récemment en Chine sont une preuve de cette vérité.

Parlons maintenant de l'impôt.

Impôt. La France est un des pays les plus imposés de l'Europe. Elle serait peut-être le pays le plus riche, si la fortune publique était répartie de la manière la plus équitable.

Le prélèvement de l'impôt peut se comparer à l'action du soleil qui absorbe les vapeurs de la terre, pour les répartir ensuite à l'état de pluie, sur tous les lieux qui ont besoin d'eau pour être fécondés et pour produire. Lorsque cette restitution s'opère régulièrement, la fertilité s'en suit; mais lorsque le ciel, dans sa colère, déverse partiellement en orages, en trombes et en tempêtes, les vapeurs absorbées, les germes de production sont détruits, et il en résulte la stérilité, car il donne aux uns beaucoup trop, et aux autres pas assez. Cependant, quelle qu'ait été l'action bienfaisante ou malfaisante de l'atmosphère, c'est presque toujours, au bout de l'année, *la même quantité d'eau* qui a été prise et rendue. La *répartition* seule fait donc la différence. Équitable et régulière, elle crée l'abondance ; prodigue et partiale, elle amène la disette.

Il en est de même des effets d'une bonne ou mauvaise administration. Si les sommes prélevées chaque année sur la généralité des habitants sont employées à des usages improductifs, comme à créer des places inutiles, à élever des monuments stériles, à entretenir au milieu d'une paix profonde une armée plus dispendieuse que celle qui vainquit à Austerlitz, l'impôt, dans ce cas, devient un fardeau écrasant ; il épuise le pays, il prend sans rendre ; mais si, au contraire, ces ressources sont employées à créer de nouveaux éléments de production, à rétablir l'équilibre des richesses, à détruire la misère en activant et organisant le travail, à guérir enfin les maux que notre civilisation entraîne avec elle, alors certainement l'impôt devient pour les citoyens, comme l'a dit un jour un ministre à la tribune, le *meilleur des placements*.

C'est donc dans le budget qu'il faut trouver le premier point d'appui de tout système qui a pour but le soulagement de la classe ouvrière. Le chercher ailleurs est une chimère.

Les caisses d'épargne sont utiles sans doute pour la classe aisée des ouvriers ; elles lui fournissent le moyen de faire un usage avantageux de ses économies et de son superflu ; mais, pour la classe la plus nombreuse, qui n'a aucun superflu et par conséquent aucun moyen de faire des économies, ce système est complétement insuffisant. Vouloir, en effet, soulager la misère des hommes qui n'ont pas de quoi vivre, en leur proposant de mettre tous les ans de côté *un quelque chose* qu'ils n'ont pas, est une dérision ou une absurdité ?

Qu'y a-t-il donc à faire ? Le voici. Notre loi égalitaire de la division des propriétés ruine l'agriculture; il faut remédier à cet inconvénient par une association qui, employant tous les bras inoccupés, recrée la grande propriété et la grande culture sans aucun désavantage pour nos principes politiques.

L'industrie appelle tous les jours les hommes dans les villes et les énerve. Il faut rappeler dans les campagnes ceux qui sont de trop dans les villes, et retremper en plein air leur esprit et leur corps.

La classe ouvrière ne possède rien, il faut la rendre propriétaire. Elle n'a de richesse que ses bras, il faut donner à ces bras un emploi utile pour tous. Elle est comme un peuple d'Ilotes au milieu d'un peuple de Sybarites. Il faut lui donner une place dans la société, et attacher ses intérêts à ceux du sol. Enfin elle est sans organisation et sans liens, sans droits et sans avenir, il faut lui donner des droits et un avenir, et la relever à ses propres yeux par l'association, l'éducation, la discipline.

## CHAPITRE II.

PROPOSITION.

Pour accomplir un projet si digne de l'esprit démocratique et philanthropique du siècle, si nécessaire au bien-être général, si utile au repos de la société, il faut trois choses : 1° une loi ; 2° une première mise de fonds prise sur le budget; 3° une organisation.

1° LA LOI. Il y a en France, d'après la statistique agricole officielle, 9,190,000 hectares de terres incultes qui appartiennent soit au gouvernement, soit aux communes, soit à des particuliers. Ces landes, bruyères, communaux, pâtis, ne donnent qu'un revenu extrêmement faible, 8 francs par hectare. C'est un capital mort qui ne profite à personne. Que les Chambres décrètent que toutes ces terres incultes appartiennent de droit à l'association ouvrière, sauf à payer annuellement aux propriétaires actuels ce que ceux-ci en retirent aujourd'hui ; qu'elles donnent à ces bras qui chôment, ces terres qui chôment également, et ces deux capitaux improductifs renaîtront à la vie l'un par l'autre. On aura trouvé moyen de soulager la misère tout en enrichissant le pays. Afin d'éviter le reproche d'exagération, nous supposerons que les deux tiers de ces neuf millions d'hectares puissent être livrés à l'association, et que l'autre tiers soit ou indéfrichable ou occupé par les bâtiments, les ruisseaux canaux, etc. Il resterait 6,127,000 hectares à défricher. Ce travail serait rendu possible par la création de colonies agricoles, qui, répandues sur toute la France, formeraient les bases d'une seule et vaste organisation dont tous les ouvriers pauvres seraient membres sans être personnellement propriétaires.

2° LA MISE DE FONDS. Les avances nécessaires à la création de ces établissements doivent être fournies par l'État. D'après nos estimations, ce sacrifice s'élèverait à une somme d'environ 300 millions payée en quatre ans; car à la fin de ce laps de temps, ces colonies, tout en faisant vivre un grand nombre d'ouvriers, seraient déjà en bénéfice. Au bout de dix ans, le gouvernement pourrait y prélever un impôt foncier d'environ 8 millions sans compter l'augmentation naturelle des impôts indirects dont les recettes augmentent toujours en raison de la consommation, qui s'accroît elle-même avec l'aisance générale.

Cette avance de 300 millions ne serait donc pas un sacrifice, mais un *magnifique placement*. Et l'État, en songeant à la grandeur du but, pourrait-il se refuser à cette avance, lui qui dépense annuellement 46 millions (1) pour prévenir ou punir les attaques dirigées contre la propriété, qui sacrifie tous les ans 300 millions pour façonner le pays au métier des armes, qui propose aujourd'hui 120 millions pour construire de nouvelles prisons. Enfin le pays qui, sans périr, a donné 2 milliards aux étrangers qui ont envahi la France, qui, sans murmurer, a payé un milliard aux émigrés, qui, sans s'effrayer, dépense deux ou trois cents millions aux fortifications de Paris, ce pays-là, dis-je, hésiterait-il à payer 300 millions en quatre ans pour détruire le paupérisme, pour affranchir les com-

---

(1)               BUDGET DE 1843.

| | |
|---|---:|
| Frais de justice criminelle ou correctionnelle. | 4,149,400 |
| Gendarmerie et sergents de ville. | 19,703,782 |
| Commissaires et agents. | 1,032,000 |
| Administration supérieure de la police de sûreté | 97,800 |
| Maisons de détention, transports de condamnés. | 6,280,000 |
| Bagnes. | 5,728,550 |
| Gardes-champêtres payés par les communes | 9,000,000 |
| Total. | 46,111,522 |

munes de l'immense fardeau que leur impose la misère, pour augmenter enfin la richesse territoriale de plus d'un milliard ?

3° L'ORGANISATION. Les masses sans organisation ne sont rien ; disciplinées, elles sont tout. Sans organisation, elles ne peuvent ni parler ni se faire comprendre ; elles ne peuvent même ni écouter ni recevoir une impulsion commune.

D'un côté, la voix de 20 millions d'hommes éparpillés sur un vaste territoire se perd sans écho ; et, de l'autre, il n'y a pas de parole assez forte et assez persuasive pour aller d'un point central porter dans 20 millions de consciences, *sans intermédiaires reconnus*, les doctrines toujours sévères du pouvoir.

Aujourd'hui, le règne des castes est fini : on ne peut gouverner qu'avec les masses ; il faut donc les organiser pour qu'elles puissent formuler leurs volontés, et les discipliner pour qu'elles puissent être dirigées et éclairées sur leurs propres intérêts.

Gouverner, ce n'est plus dominer les peuples par la force et la violence ; c'est les conduire vers un meilleur avenir, en faisant appel à leur raison et à leur cœur.

Mais comme les masses ont besoin d'être instruites et moralisées, et qu'à son tour l'autorité a besoin d'être contenue et même éclairée sur les intérêts du plus grand nombre, il est de toute nécessité qu'il y ait dans la société deux mouvements également puissants : une action du pouvoir sur la masse et une réaction de la masse sur le pouvoir. Or, ces deux influences ne peuvent fonctionner sans choc qu'au moyen d'intermédiaires qui possèdent à la foi la confiance de ceux qu'ils représentent, et la confiance de ceux qui gouvernent. Ces intermédiaires auront la confiance des premiers dès qu'ils seront librement élus par eux ; ils mériteront la confiance des seconds dès qu'ils rempliront dans la société une place importante, car on peut dire, en général, que l'homme est ce que la fonction qu'il remplit l'oblige d'être.

Guidé par ces considérations, nous voudrions qu'on créât, entre les ouvriers et ceux qui les emploient, une classe intermédiaire jouissant de droits légalement reconnus et élue par la totalité des ouvriers. Cette classe intermédiaire serait le corps des prud'hommes.

Nous voudrions qu'annuellement tous les travailleurs ou prolétaires s'assemblassent dans les communes, pour procéder à l'élection de leurs représentants ou prud'hommes, à raison d'un prud'homme pour dix ouvriers. La bonne conduite serait la seule condition d'éligibilité. Tout chef de fabrique ou de ferme, tout entrepreneur quelconque, serait obligé par une loi, dès qu'il emploierait plus de dix ouvriers, d'avoir un prud'homme pour les diriger, et de lui donner un salaire double de celui des simples ouvriers.

Ces prud'hommes rempliraient, dans la classe ouvrière, le même rôle que les sous-officiers remplissent dans l'armée. Ils formeraient le premier degré de la hiérarchie sociale, stimulant la louable ambition de tous, en leur montrant une récompense facile à obtenir. Relevés à leurs propres yeux par les devoirs mêmes qu'ils auraient à remplir, ils seraient forcés de donner l'exemple d'une bonne conduite. Par ce moyen, chaque dizaine d'ouvriers renfermerait en elle un germe de perfectionnement. Ce qui améliore les hommes, c'est de leur offrir toujours devant les yeux un but à atteindre, qui soit honorable et honoré !

Pour l'impulsion à donner à la masse pour l'éclairer, lui parler, la faire agir, la question se trouve simplifiée dans le rapport de 1 à 10 ; en supposant qu'il y ait 25 millions d'hommes qui vivent au jour le jour de leur travail ; on aura deux millions et demi d'intermédiaires auxquels on pourra s'adresser avec d'autant plus de confiance qu'ils participent à la fois des intérêts de ceux qui obéissent et des idées de ceux qui commandent.

Ces prud'hommes seraient divisés en deux parties : les uns resteraient dans l'industrie privée, les autres seraient employés aux établissements agricoles. Et, nous le répétons, cette différente mission serait le résultat du droit de l'élection directe attribuée à tous les travailleurs.

## CHAPITRE III.

### COLONIES AGRICOLES.

Supposons que les trois mesures précédentes soient adoptées :

Les vingt-cinq millions de prolétaires actuels ont des représentants, et le quart de l'étendue du domaine agricole de la France est leur propriété (1).

Dans chaque département, et d'abord là où les terres incultes sont en plus grand nombre, s'élèvent des colonies agricoles offrant du pain, de l'instruction, de la religion, du travail à tous ceux qui en manquent, et Dieu sait si le nombre en est grand en France !

(1) Nous avons supposé que l'association ouvrière ne ferait d'abord qu'affermer la terre, puisqu'elle paierait aux propriétaires actuels le faible revenu qu'ils tirent des terres incultes et des communaux ; mais au fur et à mesure elle les rachèterait afin d'être seule propriétaire.

Ces institutions charitables, au milieu d'un monde égoïste livré à la féodalité de l'argent, doivent produire le même effet bienfaisant que ces monastères qui vinrent, au moyen âge, planter au milieu des forêts, des gens de guerre et des serfs, des germes de lumière, de paix, de civilisation.

L'association étant une pour toute la France, l'inégale répartition des terrains incultes, et même le petit nombre de ces terrains dans certains départements ne serait point un obstacle. Les familles pauvres d'un département qui ne posséderait point dans le principe de colonie agricole (1) se rendraient dans l'établissement le plus voisin, le grand bienfait de la solidarité étant surtout de répartir également les secours, de soulager toutes les misères, sans être arrêté par cette considération qui aujourd'hui excuse toutes les inhumanités : *Il n'est point de ma commune.*

Les colonies agricoles auraient deux buts à remplir; le premier, de nourrir un grand nombre de

(1) Nous disons *dans le principe*, parce que, dès que l'association serait en voie de prospérité, il serait de son intérêt d'établir des colonies agricoles dans chaque département, soit en défrichant les terres incultes, soit en achetant des terrains dont l'industrie privée ne tire pas un grand profit, mais qu'une association pourrait faire valoir à son avantage.

familles pauvres, en leur faisant cultiver la terre, soigner les bestiaux, etc.; le second, d'offrir un refuge momentané à cette masse flottante d'ouvriers auxquels la prospérité de l'industrie donne une activité fébrile, et que la stagnation des affaires ou l'établissement de nouvelles machines plonge dans la misère la plus profonde.

Tous les pauvres, tous les individus sans ouvrage, trouveraient dans ces lieux à utiliser leur force et leur intelligence au profit de toute la communauté.

Ainsi il y aurait dans ces colonies au delà du nombre strictement nécessaire d'hommes, de femmes et d'enfants pour faire les ouvrages de ferme, un grand nombre d'ouvriers sans cesse employés, soit à défricher de nouvelles terres, soit à bâtir de nouveaux établissements pour les infirmes et les vieillards; les avances faites à l'association ou ses bénéfices ultérieurs, lui permettraient d'employer tous les ans des capitaux considérables à ces dépenses productives.

Lorsque l'industrie privée aura besoin de bras, elle viendra les demander à ces dépôts centraux qui, par le fait, maintiendront toujours les salaires à un taux rémunérateur; car il est clair que l'ouvrier, certain de trouver dans les colonies agricoles une existence assurée, n'acceptera de travail dans l'industrie privée, qu'autant que celle-ci lui offrira des bénéfices au delà de ce *strict nécessaire* que lui fournira toujours l'association générale.

Pour stimuler ces échanges comme pour exciter l'émulation des travailleurs, on prélèvera sur les bénéfices de chaque établissement une somme destinée à créer pour chaque ouvrier une masse individuelle. Ce fonds constituera une véritable caisse d'épargne, qui délivrera à chaque ouvrier, au moment de son départ, en sus de sa solde, une action dont le montant sera réglé d'après ses jours de travail, son zèle et sa bonne conduite. De sorte que l'ouvrier laborieux pourra, au moyen de sa masse individuelle, s'amasser, au bout de quelques années, une somme capable d'assurer son existence pour le reste de ses jours, même hors de la colonie.

Pour mieux définir notre système, nous aurons recours à une comparaison. Lorsqu'au milieu d'un pays coule un large fleuve, ce fleuve est une cause générale de prospérité; mais quelquefois la trop grande abondance de ses eaux ou leur excessive rareté, amène ou l'inondation ou la sécheresse. Que fait-on pour remédier à ces deux fléaux? On creuse, le Nil en fournit l'exemple, de vastes bassins où le fleuve déverse le surplus de ses eaux quand il en a trop, et en reprend au contraire quand il n'en a pas assez ; et de cette manière on assure aux flots cette égalité constante de niveau d'où naît l'abondance. Eh bien ! voilà ce que nous proposons pour la classe ouvrière, cet autre fleuve qui peut être à la fois une source de ruine ou de fertilité, suivant la manière dont on tracera son cours. Nous demandons pour la masse flottante des travailleurs de grands refuges où l'on s'applique à développer leurs forces comme leur esprit, refuges qui, lorsque l'activité générale du pays se ralentira, conserveront le surplus des forces non employées pour les rendre ensuite au fur et à mesure au mouvement général. Nous demandons en un mot de véritables *déversoirs* de la population, *réservoirs* utiles du travail, qui maintiennent toujours à la même hauteur cet autre niveau de la justice divine qui veut que la sueur du pauvre reçoive sa juste rétribution.

Les prud'hommes, c'est-à-dire, les représentants des ouvriers, seront les régulateurs de cet échange continuel. Les prud'hommes de l'industrie privée, au fait de tous les besoins de leurs subordonnés, partageront avec les maires des communes le droit d'envoyer aux colonies agricoles ceux qu'ils ne pourront pas employer. Les prud'hommes des colonies, au fait de la capacité de chacun, chercheront à placer avantageusement dans l'industrie privée tous ceux dont celle-ci aurait besoin. On trouvera peut-être quelques inconvénients pratiques à cet échange ; mais quelle est l'institution qui n'en offre pas dans ses commencements? Celle-ci aura l'immense avantage de multiplier l'instruction du peuple, de lui donner un travail salubre et de lui apprendre l'agriculture ; elle rendra générale cette habitude que l'industrie du sucre de betterave et même l'industrie de la soie ont déjà introduite, de faire passer alternativement les ouvriers du travail des champs à celui des ateliers.

Les prud'hommes seront au nombre de un sur dix, comme dans l'industrie privée.

Au-dessus des prud'hommes, il y aura des directeurs chargés d'enseigner l'art de la culture des terres.

Ces directeurs seront élus par les ouvriers et les prud'hommes réunis. Pour qu'ils soient éligibles, on exigera d'eux des preuves de connaissances spéciales en agriculture. Enfin, au-dessus de ces directeurs, de ces prud'hommes, de ces ouvriers, il y aura un gouverneur par chaque colonie. Ce gouverneur sera nommé par les prud'hommes et les directeurs réunis.

L'administration se composera du gouverneur

et d'un comité formé d'un tiers de directeurs et de deux tiers de prud'hommes.

Chaque année les comptes seront imprimés, communiqués à l'assemblée générale des travailleurs, et soumis au conseil général du département, qui devra les approuver et aura le droit de casser les prud'hommes ou directeurs qui auraient montré leur incapacité. Tous les ans les gouverneurs des colonies se rendront à Paris, et là, sous la présidence du ministre de l'intérieur, ils discuteront le meilleur emploi à faire des bénéfices dans l'intérêt de l'association générale.

Tout commencement est pénible; ainsi nous n'avons pas trouvé les moyens de créer ces colonies agricoles économiquement, sans établir des espèces de camp où les ouvriers soient baraqués comme nos troupes, pendant les premières périodes. Il va sans dire que dès que les recettes surpasseront les dépenses, on remplacera ces baraques par des maisons saines, bâties d'après un plan mûrement médité. On construira alors des bâtiments accessoires pour donner aux membres de la colonie et aux enfants l'instruction civile et religieuse. Enfin on formera de vastes hôpitaux pour les infirmes, pour ceux que l'âge aurait mis dans l'impossibilité de travailler.

Une discipline sévère règnera dans ces colonies;

la vie y sera salutaire, mais rude; car leur but n'est pas de nourrir des fainéants, mais d'ennoblir l'homme par un travail sain et rémunérateur et par une éducation morale. Les ouvriers et les familles occupées dans ces colonies y seront entretenus le plus simplement possible. Le logement, la solde, la nourriture, l'habillement seront réglés d'après le tarif de l'armée, car l'organisation militaire est la seule qui soit basée à la fois sur le bien-être de tous ses membres et sur la plus stricte économie.

Cependant ces établissements n'auraient rien de militaire, ils emprunteraient à l'armée son ordre admirable, et voilà tout.

L'armée est simplement une *organisation*, la classe ouvrière formerait une *association*. Ces deux corps auraient donc un principe et un but tout différents.

L'armée est une organisation qui, devant exécuter aveuglément et avec promptitude l'ordre du chef, doit avoir pour base une hiérarchie qui parte d'en haut.

La classe des travailleurs formant une association, dont les chefs n'auraient d'autres devoirs que de régulariser et exécuter la volonté générale, sa hiérarchie doit être le produit de l'élection. Ce que nous proposons n'a donc aucun rapport avec les colonies militaires.

Afin de rendre notre système plus palpable, nous allons présenter un aperçu des recettes et dépenses probables d'une colonie agricole. Ces calculs sont basés sur des chiffres officiels. Cependant tout le monde comprendra la difficulté d'établir un semblable budget. Il n'y a rien de moins exact que l'appréciation détaillée des revenus de la terre. Nous ne prétendons pas avoir tout prévu. La meilleure prévision, dit Montesquieu, est de songer qu'on ne peut tout prévoir. Mais si nos chiffres peuvent prêter à diverses interprétations, nous ne saurions admettre qu'il en soit ainsi du système en lui-même. Il est possible que malgré le soin que nous avons apporté dans nos évaluations, nous ayons omis quelques dépenses ou même quelques recettes, ou bien compté à un taux trop élevé les rendements de la terre; mais ces omissions ne nuisent en rien à l'idée fondamentale que nous croyons juste, vraie, féconde en bons résultats : le simple raisonnement qui suit le prouvera.

Ordinairement les revenus du sol sont partagés en trois parties, sans compter celle du fisc. La première fait vivre les ouvriers qui travaillent la terre, la deuxième est l'apanage du fermier, la troisième enrichit le propriétaire.

Dans nos fermes modèles, la classe ouvrière aura pour elle seule ces trois produits : elle sera à la fois travailleur, fermier, propriétaire; ses bénéfices seront donc immenses, et cela d'autant plus que, dans une association bien établie, les dépenses sont toujours moindres que dans les exploitations particulières. La première partie fera vivre dans une modeste aisance un grand nombre de familles pauvres; la seconde partie servira à établir les masses individuelles dont nous avons parlé; la troisième partie donnera les moyens, non-seulement de bâtir des maisons de bienfaisance, mais d'accroître sans cesse le capital de la société en *achetant de nouvelles terres*.

C'est là un des plus grands avantages de notre projet; car tout système qui ne renferme pas en lui un moyen d'accroissement continuel est défectueux. Il peut bien momentanément amener quelques bons résultats, mais lorsque l'effet qu'il devait produire est réalisé, le malaise qu'il a voulu détruire se renouvelle, c'est comme si on n'avait rien fait. La loi des pauvres en Angleterre, les Workhouses, en fournissent des exemples frappants.

Ici, au contraire, lorsque les colonies agricoles seront en plein rapport, elles auront toujours la facilité d'étendre leur domaine, de multiplier leurs établissements, afin d'y placer de nouveaux travailleurs. Le seul cas qui viendra arrêter momentanément cet accroissement sera celui où l'industrie privée aura besoin de bras et pourra les employer plus avantageusement. Alors les terres cultivées ne seront pas abandonnées pour cela; le nombre excédant d'ouvriers dont nous avons parlé rentrera dans le domaine public jusqu'à ce qu'une nouvelle stagnation les renvoie de nouveau à la colonie agricole.

Ainsi, tandis que d'un côté, par notre loi égalitaire, les propriétés se divisent de plus en plus, l'association ouvrière reconstruira la grande propriété et la grande culture.

Tandis que l'industrie attire sans cesse la population dans les villes, les colonies la rappelleront dans les campagnes.

Quand il n'y aura plus assez de terre à assez bas prix en France, l'association établira des succursales en Algérie, en Amérique même; elle peut un jour envahir le monde! car partout où il y aura un hectare à défricher et un pauvre à nourrir, elle sera là avec ses capitaux, son armée de travailleurs, son incessante activité.

Et qu'on ne nous accuse pas de rêver un bien impossible; nous n'aurions qu'à rappeler l'exemple de la fameuse compagnie anglaise des Indes orientales : qu'était-ce? sinon une association comme celle que nous proposons, mais dont les résultats, quoique surprenants, ne furent pas aussi favorables à l'humanité que celle que nous appelons de tous nos vœux.

Avant de pénétrer si loin dans l'avenir, calculons les recettes et les dépenses probables de ces établissements.

## CHAPITRE IV.

#### RECETTES ET DÉPENSES.

D'après notre supposition, l'association ouvrière aurait à défricher les 2/3 de 9,190,000 hectares de terre, aujourd'hui inculte, c'est-à-dire 6,127,000 hectares.

Pour savoir combien ces hectares rapporteraient s'ils étaient soumis à une culture habile, sans jachères, nous avons fait le calcul suivant :

| | |
|---|---:|
| Le nombre d'hectares des cultures dans la France entière est de. . . . . . . | 19,314,741 |
| Celui des prairies tant naturelles qu'artificielles. . . . . . . . . . . | 5,774,745 |
| Étendue en hectares. Total. . . | 25,089,486 |
| La valeur du produit brut de ces terrains est : | |
| Pour les cultures. . . . . . . . | 3,479,583,005 |
| Pour les prairies. . . . . . . | 666,363,412 |
| Produit total, francs. . . . . | 4,145,946,417 |

Le produit moyen par hectare de terres ensemencées ou mises en prairies s'élève donc à 165 francs.

D'un autre côté, il y a en France 51,568,845 animaux domestiques de toute espèce, qui donnent un produit brut de 767,251,851 francs (1). L'une dans l'autre, chaque tête de bétail rapporte donc 15 fr., et comme ces bestiaux sont nourris sur environ 26 millions d'hectares, cela fait environ deux têtes de bétail par hectare. En moyenne, on peut dire que chaque hectare produit 195 fr. dont 165 fr. pour le revenu de la terre et 30 fr. pour le revenu des bestiaux.

Nos 6,127,000 hectares mis en culture et en prairies rapporteront donc :

| | |
|---|---:|
| Pour le produit brut de la terre, . . . . . . . . . . . . . | 1,010,955,000 |
| Et pour le produit des animaux. . . . . . . . . . . . . | 183,810,000 |
| Total en francs. . . | 1,194,765,000 |

Retranchant de ce nombre ce que ces hectares produisent aujourd'hui d'après la statisti-

_____

(1) Nous dirons plus tard pourquoi nous ne comprenons pas dans le produit brut des bestiaux la valeur de la viande consommée.

## DU PAUPÉRISME.

que, c'est-à-dire les 2/3 de
82,664,046 fr., on a. . . . .  54,709,364

La richesse territoriale se sera
accrue de. . . . . . . . . . . 1,140,055,363

Voyons maintenant quelle serait la dépense. Pour faciliter nos calculs, supposons que les terres à défricher soient également réparties par chaque division politique de la France. Nous aurons 6,127,000 hectares à diviser par 86, ce qui nous donnera par département 71,241 hectares. En fixant un terme de vingt ans au bout duquel toutes les terres devront être mises en culture, il y aura par an, par département, 3,562 hectares à défricher.

Le nombre de bras nécessaires pour ce travail peut se fixer ainsi : un ouvrier défriche en terme moyen (1) trois hectares par an. Mais, comme il faut compter les malades, et qu'ensuite, dès la seconde année, ces ouvriers sont obligés de don-

---

(1) D'après les renseignements qu'on nous a fournis, un homme défriche 2 hectares de bois par an, ou bien 4 hectares de bruyères. La moyenne est donc de 3 hectares, en supposant un nombre égal de bois ou de bruyères, ce qui est évidemment bien au delà de la réalité, puisque les terres incultes qui sont à défricher ne sont pas comprises dans le sol forestier. On pourrait donc prendre comme moyenne 4 hectares au lieu de 3.

ner une partie de leurs soins à la culture des terres déjà défrichées, et d'aider les familles agricoles qui seront appelées annuellement en surcroît, nous ne supposerons qu'un travail de deux hectares par an. Il faudra donc 1781 ouvriers pour accomplir cette tâche en vingt ans, et comme chaque année il y aura 3,562 hectares annuellement défrichés, la colonie accueillera tous les ans 120 familles pour aider à la culture des terres défrichées (1) et pour soigner les bestiaux, puisque nous avons aussi compté d'après le relevé général de la France deux bestiaux par hectare. La colonie achèterait donc tous les ans, à partir de la fin de la première année, deux fois autant de bestiaux qu'elle aurait défriché d'hectares dans l'année précédente. Ainsi, pendant vingt ans, la colonie au-

---

(1) Un grand propriétaire, très-versé dans ce qui a rapport à l'agriculture, a eu la bonté de nous fournir le renseignement suivant :

Pour cultiver une ferme de 150 hectares suivant l'ancien système, blé, avoine, jachères, il faut :

7 domestiques et une servante toute l'année.

6 batteurs employés pendant six mois.

4 parçours employés pendant trois mois.

20 moissonneurs occupés pendant six semaines.

Avec le nouveau système, où l'on remplace la jachère par des plantes sarclées, il faut avoir un homme de plus par an.

Dans nos calculs, nous avons donc mis un nombre de bras bien suffisant.

rait des recettes et des dépenses qui suivraient une progression croissante.

*Les recettes*, sans compter les premières avances du gouvernement, se composent de l'augmentation périodique de 3,562 hectares défrichés et de l'augmentation annuelle de la valeur de ces hectares ; car en admettant que chaque hectare donne un produit de 195 fr., les terres ne rapporteront cette somme qu'au bout de trois ans de culture et quatre années de travail. C'est-à-dire que la première année après son défrichement, chaque hectare rapportera 65 fr., la seconde année 130 fr., et les années suivantes 195 fr.

Quant *aux dépenses*, à part les premiers frais d'établissement, il y aura chaque année des dépenses qui se renouvelleront sans cesse, telle que la solde de 1781 ouvriers et de 120 familles, l'intérêt des terrains appartenant aux communes ou aux particuliers, la dépense des ensemencements, des écuries, des frais d'administration, de 7,124 nouveaux bestiaux à acheter ; de plus, il y aura chaque année un accroissement régulier qui consistera dans l'entretien de 120 nouvelles familles, plus la construction des baraques pour les loger.

Chaque ouvrier recevra la solde du soldat, chaque famille la solde de trois ouvriers. L'habillement doit être bien meilleur marché pour des ouvriers que pour des soldats ; nous le calculerons cependant au même taux, afin de ne rien changer aux prix établis. Chaque homme coûtera donc par an, tout compris, 318 fr. (1).

Les prud'hommes recevront la solde des sous-officiers, les directeurs recevront la solde d'officiers, le gouverneur la solde de colonel.

Jusqu'à ce que la colonie ait donné des bénéfices, tous les ouvriers seront logés dans des baraques construites comme celles de nos camps militaires. Ces baraques, vastes et saines (2), contien-

(1) DÉPENSES D'UN SOLDAT D'INFANTERIE PAR AN.

| | |
|---|---|
| Solde à 30 centimes par jour. . . . . . . . | 109 50 |
| Masses personnelles. . . . . . . . . . . . . | 86 15 |
| Valeur des rations . . . . . . . . . . . . . | 64 67 80 |
| Habillement . . . . . . . . . . . . . . . . | 34 40 |
| Dépenses d'hôpital . . . . . . . . . . . . . | 24 13 |
| Francs. . . . . | 318 85 80 |

(2) DIMENSION DES BARAQUES.

| | |
|---|---|
| Profondeur. . . . . . . . . . . . . . . . . . | $3^m$ 90 |
| Longueur . . . . . . . . . . . . . . . . . . | 4 60 |
| Hauteur aux pieds droits . . . . . . . . . . | 1 00 |
| Hauteur sous les arbalétriers aux faîtes . . . . | 3 50 |
| Les murs, en torchis et en clayonnage ont, d'épaisseur . . . . . . . . . . . . . . . . | 0 10 |

Pour camper une division d'infanterie de 10,904 hommes, il faut 1,160 baraques du modèle dont il s'agit. On peut évaluer à 150,000 fr.

nent ordinairement douze hommes. Nous ne voudrions y mettre qu'une escouade de dix hommes avec leur prud'homme lorsqu'ils ne seraient pas mariés. Dans le cas contraire, il y aurait une famille par baraque, et ces baraques seraient construites sur une plus petite échelle.

Dans plusieurs départements il y a des baraques semblables près des fabriques de sucre.

En faisant les calculs que nous avons mis à la fin de la brochure, on trouve qu'avec une avance de 311 millions, les recettes et dépenses des colonies seraient, au bout de vingt-trois ans, de :

| | |
|---|---|
| Recettes annuelles............ | 1,194,694,800 |
| Dépenses.............. | 378,622,278 |
| Le profit pour l'association serait de............ | 816,072,522 fr. |

206,400 familles, 153,166 ouvriers de la classe pauvre seraient entretenus. La France serait enrichie de 12 millions de nouveaux bestiaux. Enfin le gouvernement prélèverait sur le revenu brut, d'après le taux actuel, près de 37 millions de francs.

---

la dépense de construction, et à 12,000 fr. les dépenses nécessaires pour leur entretien pendant huit années qu'elles pourront durer. (*Aide-mémoire du génie*, par le capitaine Laisné, p. 516.)

## CHAPITRE V.

### RÉSUMÉ.

Dans l'aperçu sommaire que nous avons présenté des bénéfices, nous sommes restés bien en deçà de la vérité, car l'exploitation du *quart* du domaine, agricole aujourd'hui stérile, non-seulement augmenterait d'*un quart* la valeur du revenu brut de la France, mais cet accroissement de richesse donnerait à toutes les branches du travail national une activité immense qu'il est plus facile de comprendre que d'expliquer dans tous ses détails. Non-seulement ces colonies empêcheraient au bout de vingt ans plus d'un million d'êtres de languir dans la misère, non-seulement elles feraient vivre une foule d'industries annexes à l'agriculture, mais ce bénéfice annuel de 800 millions échangé dans le pays contre d'autres produits augmenterait dans le même rapport la consommation et le commerce intérieur. Ce bénéfice offrirait à tous les fruits du travail un *débouché* plus considérable que ne pourraient le faire les traités de commerce les plus avantageux, puisque cette valeur de 800 millions dépasse de 156 millions la valeur de toutes nos exportations hors de France, qui s'est élevée, en 1842, à 644 millions. (*Voyez* Documents de douanes, commerce spécial, résumé analytique, n° 6.)

Pour rendre ce raisonnement plus saisissant, et pour montrer toute l'importance du commerce intérieur, supposons que ces colonies agricoles fussent non enclavées dans le territoire, mais séparées du continent par un bras de mer et une ligne de douane, et que cependant elles fussent obligées à n'avoir de rapports commerciaux qu'avec la France. Il est clair que si leur production agricole leur donnait un bénéfice de 800 millions, cette somme serait échangée contre des produits continentaux, soit manufacturés, soit du sol même, mais de différentes natures.

Nous croyons donc que l'accroissement de la consommation intérieure, favorisée par cet accroissement de richesse et d'aisance, remédierait plus que toute autre chose au malaise dont se plaignent certaines industries, et surtout qu'il ferait cesser en partie les maux dont souffrent les cultivateurs de la vigne, tout en rendant le pain et la viande meilleur marché.

En effet, il est présumable que par la nature de leur sol ces colonies produiraient des céréales et des bestiaux, mais pas de vin. Or, en augmentant par leur production la quantité de blé et de viande, elles diminueraient le prix de ces denrées de première nécessité, ce qui tendrait à en augmenter la consommation en permettant à la classe pauvre d'en manger; et, d'un autre côté, l'accroissement d'aisance augmenterait le nombre de ceux qui peuvent boire du vin, et par conséquent la consommation générale.

Il est facile d'expliquer par les chiffres officiels le malaise de nos viticoles. La France produit 36,783,223 hectolitres de vins sans compter les eaux-de-vie.

| | |
|---|---:|
| Elle en consomme. | 23,578,248 |
| Elle en exporte. | 1,351,677 |
| Total de la consommation intérieure et extérieure. | 24,929,925 |

Retranchant cette somme de la production, il reste 11,853,298 hectolitres *sans emploi*.

Ces chiffres montrent et la cause du malaise et les moyens d'y remédier; ils prouvent la supériorité du marché national sur l'exportation ; car si, par les moyens que nous avons indiqués, l'activité donnée au commerce intérieur augmentait seulement la consommation de 1/10, ce qui n'est pas hors des probabilités, l'augmentation serait donc de 2,357,824 hectolitres, ce qui est près du double de toutes nos exportations.

D'un autre côté, si la politique de nos gouvernants parvenait, ce que nous sommes loin de prévoir, à augmenter nos exportations de 1/5, ce qui serait un résultat immense, cet accroissement ne serait que de 270,334 hectolitres.

Le travail qui crée l'aisance, et l'aisance qui consomme, voilà les véritables bases de la prospérité d'un pays. Le premier devoir d'un administrateur sage et habile est donc de s'efforcer, par l'amélioration de l'agriculture et du sort du plus grand nombre, d'augmenter la consommation intérieure, qui est loin d'être arrivée à son apogée. Car, *statistiquement* parlant, en France, chaque habitant consomme par an, en moyenne : De froment, méteil, seigle, 271 hectolitres, ce qui fait 328 rations de pain par individu par an ; de viande, 20 kilog. ; de vin, 70 litres ; de sucre, 3, 4 kilog. Ce qui veut dire, *humainement* parlant, qu'il y a en France plusieurs millions d'individus qui ne mangent ni pain, ni viande, ni sucre, et qui ne boivent point de vin. Car tous les gens riches consomment bien au delà de cette moyenne, c'est-à-dire 365 rations de pain au lieu de 328, 180 kilog. de viande au lieu de 20 kilog., 365 litres de vin au lieu de 70, et 50 kilog. de sucre au lieu de 3 et 2/5.

Nous ne produisons pas trop, mais nous ne consommons pas assez !

Au lieu d'aller chercher des consommateurs en Chine, qu'on augmente donc la richesse territoriale ; qu'on emploie tous les bras oisifs au profit de toutes les misères et de toutes les industries ; ou plutôt qu'on fasse l'une et l'autre si l'on peut, mais surtout qu'on n'oublie pas qu'un pays comme la France, qui a été si richement doté du ciel, renferme en lui-même tous les éléments de sa prospérité, et que c'est une honte pour notre civilisation de penser, qu'au dix-neuvième siècle, le dixième au moins de la population est en haillons et meurt de faim en présence de millions de produits manufacturés qu'on ne peut vendre, et de millions de produits du sol qu'on ne peut consommer !

En résumé, le système que nous proposons est la résultante de toutes les idées, de tous les vœux émis par les économistes les plus compétents depuis un demi-siècle.

Dans le rapport au roi de M. Gouin, qui se

trouve en tête de la statistique officielle agricole (page xxviii), le ministre déclare qu'un des plus grands progrès à obtenir est le défrichement de ces terres qui ne rapportent que 8 francs par hectare. Notre projet réalise cette pensée.

Tous les hommes qui se sentent animés de l'amour de leurs semblables réclament pour qu'on rende enfin justice à la classe ouvrière, qui semble déshéritée de tous les biens que procure la civilisation; notre projet lui donne tout ce qui relève la condition de l'homme, l'aisance, l'instruction, l'ordre, et à chacun la possibilité de s'élever par son mérite et son travail. Notre organisation ne tend à rien moins qu'à rendre, au bout de quelques années, la classe la plus pauvre aujourd'hui, l'association la plus riche de toute la France.

Aujourd'hui la rétribution du travail est abandonnée au hasard ou à la violence. C'est le maître qui opprime ou l'ouvrier qui se révolte. Par notre système les salaires sont fixés comme les choses humaines doivent être réglées, non par la force, mais par un juste équilibre entre les besoins de ceux qui travaillent et les nécessités de ceux qui font travailler.

Aujourd'hui tout afflue à Paris, le centre absorbe à lui seul toute l'activité du pays; notre système, sans nuire au centre, reporte la vie vers les extrémités, en faisant agir quatre-vingt-six nouvelles individualités travaillant, sous la haute direction du gouvernement, dans un but continuel de perfectionnement.

Et que faut-il pour réaliser un semblable projet? une année de solde de l'armée, quinze fois la somme qu'on a donnée à l'Amérique, une dépense égale à celle qu'on emploie aux fortifications de Paris.

Et cette avance rapportera, au bout de vingt ans, à la France un milliard, à la classe ouvrière 800 millions, au fisc 37 millions !

Que le gouvernement mette à exécution notre idée, en la modifiant de tout ce que l'expérience des hommes versés dans ces matières compliquées peut lui fournir de renseignements utiles, de lumières nouvelles; qu'il prenne à cœur tous les grands intérêts nationaux, qu'il établisse le bien-être des masses sur des bases inébranlables, et il sera inébranlable lui-même. La pauvreté ne sera plus séditieuse, lorsque l'opulence ne sera plus oppressive, les oppositions disparaîtront et les prétentions surannées qu'on attribue à tort ou ou à raison à quelques hommes, s'évanouiront comme les *folles brises* qui rident la surface des eaux sous l'équateur et s'évanouissent en présence du *vent réel* qui vient enfler les voiles et faire marcher le navire.

C'est une grande et sainte mission, bien digne d'exciter l'ambition des hommes, que celle qui consiste à apaiser les haines, à guérir les blessures, à calmer les souffrances de l'humanité en réunissant les citoyens d'un même pays dans un intérêt commun, et en accélérant un avenir que la civilisation doit amener tôt ou tard.

Dans l'avant-dernier siècle, la Fontaine émettait cette sentence, trop souvent vraie et cependant si triste, si destructive de toute société, de tout ordre, de toute hiérarchie : « *Je vous le dis en bon français, notre ennemi, c'est notre maître !* »

Aujourd'hui, le but de tout gouvernement habile doit être de tendre par des efforts à ce qu'on puisse dire bientôt : *le triomphe du christianisme a détruit l'esclavage ; le triomphe de la révolution française a détruit le servage ; le triomphe des idées démocratiques a détruit le paupérisme !*

# TABLEAUX JUSTIFICATIFS.

# CALCUL
# DES DÉPENSES ET RECETTES
## D'UNE COLONIE AGRICOLE.

DÉPENSES.                                  RECETTES.

*Fin de la première année.*

| | | |
|---|---:|---|
| 1781 ouvriers à 248 fr. | 566,358 | |
| 120 familles. Une famille comptée comme 3 ouvriers. . . . | 114,480 | |
| Surcroît de solde de 190 prud'hommes à 36 fr. | 6,340* | |
| 19 directeurs agricoles à 1,800 fr. . . . . . | 34,200 | 1,210,242 |
| 1 gouverneur. . . . . | 6,000 | |
| La valeur moyenne des ensemencements étant de 23 f. 20 c. par hectare. . | 82,638 | |
| Prix de 7124 têtes de bétail à 36 fr. 20 c. | 257.880* | |
| Écuries et granges . . | 100,000 | |
| Frais d'administration | 10,000 | |
| Intérêt du prix du terrain 3562 hectares. | 31,807 | |
| 162 baraques à 11 hommes, à 130 fr. . . . | 21,060 | |
| 120 hommes pour une famille, à 100 fr. . . | 12,000 | 83,060 |
| Outils. . . . . . . . . | 50,000 | |

                                    1,293,272      Don du gouvernement. 1.293,272

* Nous n'avons pas compris dans les dépenses la nourriture des bestiaux, parce que le fumier qu'ils donnent et la valeur des abattages pour la viande de boucherie, qui s'élèvent tous les ans à 515,180,518 francs, compensent et au delà le prix de leur entretien.

## TABLEAUX JUSTIFICATIFS.

*Fin de la seconde année.*

Mêmes dépenses que l'année précédente. 1,210,242

Augmentation progressive chaque année.
{
120 nouvelles familles, 1 directeur, 12 prud'hommes... 116,812
120 baraques... 12,000
Intérêts des nouvelles terres... 31,807
Outils... 5,000
Nouveaux frais d'administration et entretien... 2,500
} 168,019

Don du gouvernement. 1,146,701
Revenu de 3562 hect. à 65 fr... 231,530

1,378,231 — 1,378,231

*Fin de la troisième année.*

Dépenses égales à l'année précédente... 1,378,231
Plus... 168,019

Don du gouvernement. 851,660
Revenu de 3562 hectares à 130 fr... 463,060
Revenu de 3562 hectares à 65 fr... 231,530

1,546,250 — 1,546,250

*Fin de la quatrième année.*

Dépenses... 1,546,250
Plus... 168,019

Don du gouvernement. 325,089
Revenu de 3562 hectares à 195 fr... 694,590
Revenu de 3562 hectares à 130 fr... 463,060
Revenu de 3562 hectares à 65 fr... 231,530

1,714,269 — 1,714,269

*Fin de la cinquième année.*

Dépenses... 1,882,288

Revenu de l'année précédente... 1,714,269
Plus l'accroissement régulier de... 694,590

2,408,859

Profit.... 526,571.

On voit que les dépenses augmentent tous les ans de... 168.019
Et les revenus de .................... 694,590

Au bout de dix ans les revenus seraient de. ........ 5,881,309
Les dépenses de...................... 2,722,383

Le profit. ........................ 3,158,926

Toutes les terres seraient défrichées au bout de 20 ans, mais elles ne seraient en plein rapport qu'au bout de la 23ᵉ année. A cette époque, les dépenses qui depuis la 20ᵉ année seraient restées stationnaires, seraient de. ........................ 4,402,573
Les revenus seraient de. ................ 13,891,800

Le bénéfice net de. .................. 9,489,227

Comme nous avons, pour la facilité des calculs, compté les dépenses et les recettes par département, si on multipliait ces résultats par 86, on aura pour toute la France, au bout de 20 ans, les résultats suivants :

Le gouvernement aurait donc donné 311,038,092 en 4 années, savoir :

| | |
|---|---|
| La 1ʳᵉ année. ............ fr. | 111.221,392 |
| La 2ᵉ année ........... | 98,616.286 |
| La 3ᵉ année ........... | 73,242,760 |
| La 4ᵉ année ........... | 27,957,654 |
| Total. .... | 311,038,092 |

Les recettes annuelles seraient de. ......... 1,191,694,800
La dépense annuelle de ces 86 colonies. ...... 378,622,278

Le profit de l'association ............. 816 072,522

206,400 familles, 153,166 ouvriers de la classe pauvre seraient entretenus. La France serait enrichie de 12 millions de nouveaux bestiaux. Enfin le gouvernement prélèverait sur le revenu brut, d'après le taux actuel, près de 37 millions de francs d'impôt foncier seulement ; sans compter l'impôt sur les maisons, les centimes additionnels et les impôts indirects.

## TABLEAUX JUSTIFICATIFS.

### CHIFFRES EMPRUNTÉS A LA STATISTIQUE AGRICOLE OFFICIELLE.

#### ÉTENDUE, VALEUR ET PRODUIT DU DOMAINE AGRICOLE.

| DÉSIGNATION. | ÉTENDUE DES CULTURES en hectares. | | VALEUR DES PRODUITS en francs. | | VALEUR DES SEMENCES annuelles en francs. |
|---|---|---|---|---|---|
| Froment | 5,586,786 | | 1,102,768,057 | | 182,163,337 |
| Epeautre | 4,753 | | 806,723 | | 93,293 |
| Méteil | 910,932 | | 144,470,554 | | 60,925 |
| Seigle | 2,577,253 | | 296,292,740 | | 55,279,842 |
| Orge | 1,188,189 | 15,900,262 | 157,622,414 | | 24,588,838 |
| Avoine | 3,000,634 | | 302,011,470 | | 43,605,437 |
| Maïs | 631,734 | | 71,796,084 | | 2,282,097 |
| Vignes | 1,962,340 | Vins | 419,029,152 | | » |
| | | Eau-de-vie. | 59,059,150 | | » |
| Pommes de terre | 921,970 | | 202,40 ,866 | | 24,696,579 |
| Sarrasin | 654,241 | | 61,388,644 | | 3,995,854 |
| Légumes secs | 296,925 | | 52,007,840 | | 8,107,419 |
| Jardins | 360,696 | | 157,093,888 | | » |
| Betteraves | 57,663 | | 28,979,449 | 5,479,586,005 | 754,687 |
| Colza | 173,506 | | 51,126,744 | | 602,813 |
| Chanvre | 176,148 | | 86,287,541 | | 7,487,617 |
| Lin | 98,244 | 3,442,459 | 57,507,216 | | 5,217,350 |
| Tabac | 7,955 | | 5,483,558 | | » |
| Garance | 14,674 | | 9,343,349 | | » |
| Houblon | 826 | | 954,559 | | » |
| Châtaigneraies | 455,386 | | 13,528,190 | | » |
| Mûriers | 41,276 | | 42,779,088 | | » |
| Oliviers | 121,228 | | 22,776,598 | | » |
| Autres cultures | 64,397 | | 12,209,868 | | » |
| | | Bière | 58,035,735 | | » |
| | | Cidre | 84,422,137 | | » |
| Prairies naturelles | 4,198,198 | | 462,598,243 | | » |
| Prairies artificielles | 1,576,547 | | 203,765,169 | | 58,503,953 |
| Jachères | 6,763,281 | | 92,285,902 | | |
| Pâtures, landes, pâtis et communaux | 9,191,076 | | 82,064,046 | | Total fr.. 414,679,744 |
| Bois { de la couronne | 52,972 | | 1,017,404 | | |
| { de l'État | 1,048,907 | 8,804,550 | 52,874,969 | | |
| { des communes et des particuliers | 7,333,965 | | 172,864,152 | | |
| Sol forestier | 368,705 | | | | |
| Vergers, pépinières et oseraies | 766,578 | | Total fr.. 4,526,896,890 | | |
| Surface des routes, rivières, villes, etc. | 2,153,646 | | L'étendue totale des cultures = 19,314,744 hect. | | |
| | | | L'étendue des cultures et des prairies = 25,089,486 hect, | | |
| | | | L'étendue des terres ensemencées = 17,852,499 hect. | | |
| Étendue totale du territoire en hectares | 52,768,617 | | L'étendue des terrains qui nourrissent les bestiaux est environ = 26,000,000 hect. | | |

## TABLEAUX JUSTIFICATIFS.

### NOMBRE, VALEUR ET PRODUIT DES BESTIAUX.

| DÉSIGNATION. | NOMBRE ou QUANTITÉ. | | VALEUR en francs. | | REVENU total EN FRANCS. | |
|---|---|---|---|---|---|---|
| Taureaux | 399,026 | ⎫ | 53,613.990 | ⎫ | 9,695,577 | ⎫ |
| Bœufs | 1,968,838 | ⎪ 9,956,558 | 501,819,357 | ⎪ 876,245,755 | 62,576.699 | ⎪ 512,215,607 |
| Vaches | 3,504,825 | ⎬ | 487,875,665 | ⎬ | 214,790,094 | ⎬ |
| Veaux | 2,066,849 | ⎭ | 52,936,763 | ⎭ | 25,153,237 | ⎭ |
| Béliers | 575,715 | ⎫ | 9,213,405 | ⎫ | 2,607 790 | ⎫ |
| Moutons | 9,462,180 | ⎪ 32,151,450 | 127,862,305 | ⎪ 514,585,257 | 42,233,346 | ⎪ 120,050,415 |
| Brebis | 14,804,946 | ⎬ | 135,938,491 | ⎬ | 59,925,119 | ⎬ |
| Agneaux | 7,308,589 | ⎭ | 41,539.056 | ⎭ | 15,284,217 | ⎭ |
| Porcs | 4,910,721 | | 172,556,008 | | 79,427,010 | |
| Chèvres | 964,300 | | 8,854,454 | | 5,448,301 | |
| Chevaux | 1,274,630 | ⎫ | 218,498,584 | ⎫ | 120,852,954 | ⎫ |
| Jumeuts | 1,194,231 | ⎬ 2,818,436 | 174,709,681 | ⎬ 417,884,285 | 91,585,036 | ⎬ 221,095,056 |
| Poulains | 352,635 | ⎭ | 24,626,018 | ⎭ | 8,659,029 | ⎭ |
| Mules et Mulets | 573,841 | | 64,284,246 | | 21,244,148 | |
| Anes et Anesses | 413,519 | | 16,217,371 | | 7,774,306 | |
| | 51,568,845 | | 1,870,572,369 | | 76,7251 851 | |

Le prix moyen de chaque tête de bétail... $= \dfrac{1,870,572,369}{51,568,845} = 36,2$ francs.

Le revenu moyen par tête............ $= \dfrac{767,251,851}{51,568,845} = 14,87$ francs.

Le nombre de bestiaux par hectare,..... $= \dfrac{26,000,000}{15,568,845} = 1,98$ bestiaux.

Le produit moyen des terres par hectare.. $= \dfrac{25,089,486}{4,145,946,417} = 165$ francs.

La valeur moyenne des semences par hect. $= \dfrac{17,852,499}{414,679,741} = 23,2$ francs.

## TABLEAUX JUSTIFICATIFS.

*Principales consommations divisées par le nombre d'habitants.*

|   | hectol. |   |
|---|---|---|
| Froment | 1,72 | |
| Méteil | 0 33 | 2 hect. 71 |
| Seigle | 0,66 | |
| Orge, Avoine, Maïs, Sarrasin, Châtaignes | 0,29 | |
| Pommes de terre | 2,34 | |
| Légumes secs | 0.09 | |

|   | kil. |
|---|---|
| Viande | 20,00 |

|   | hect. |   |
|---|---|---|
| Vins | 0,70 | |
| Bière | 0,12 | |
| Cidre | 0,50 | |
| **Valeur totale de la viande consommée** | | **543,180,518** |

# QUELQUES MOTS

SUR

# JOSEPH-NAPOLÉON

## BONAPARTE.

# QUELQUES MOTS

SUR

# JOSEPH-NAPOLÉON

## BONAPARTE.

---

Joseph Napoléon, le frère aîné, l'ami le plus intime de l'Empereur, est mort à Florence le 28 juillet, après une longue et douloureuse maladie.

En présence de cette tombe qui se referme sur un vieillard qui porta deux couronnes ; en présence de cet homme qui meurt à l'étranger au bout d'un exil de vingt-neuf ans, un sentiment général de regret s'est manifesté dans le pays et a retenti dans la presse.

Cependant, comme ce triste événement a donné

lieu à des assertions fausses et à des attaques peu généreuses, nous avons cru qu'il était de notre devoir de relever les unes et les autres par le simple exposé des faits.

Pour rendre un digne hommage à une mémoire vénérée, nous ne croyons pas qu'il faille amasser louanges sur louanges sans égard pour la vérité ; mais aussi nous ne saurions approuver la marche qu'a adoptée un des organes les plus estimables de la presse, qui, oubliant la haute estime que le roi Joseph avait pour ses rédacteurs, oubliant la sympathie, l'intimité même qui existait entre lui et eux en 1833, ne relève de l'histoire du roi Joseph que le fait le moins glorieux, et exagère à plaisir la part qui lui revient des événements malheureux de 1814.

Nous ne voulons pas mutiler l'histoire; mais nous dirons, sans crainte d'être démentis, que, lorsqu'un homme a servi glorieusement son pays pendant quarante-sept ans, lorsque dans sa vie on peut choisir à volonté une foule d'actes honorables dont un seul suffirait aujourd'hui pour faire toute une réputation, il n'est pas généreux de passer tous ces faits sous silence pour ne faire ressortir qu'un jour de faiblesse. Foy, Benjamin-Constant, Lamarque, la Fayette, Laffitte, Clauzel, Pajol, Drouet d'Erlon meurent ; tous ces hommes comptent dans leur vie des années de gloire, mais aussi quelques jours d'erreur : eh bien ! en présence de leur cercueil, la presse supprime avec raison tout reproche ; elle ne trouve que des louanges. Pourquoi n'a-t-on pas agi de même vis-à-vis du frère de l'Empereur? C'est que tous les hommes illustres dont nous venons de parler sont morts en France au milieu des leurs, tandis que Joseph est mort en exil !

La gloire de l'Empire a été si grande qu'elle a éclipsé toutes les individualités des acteurs secondaires, et il n'est resté de ce drame, dans l'esprit des masses, que deux immenses figures : le grand homme et le grand peuple. Mais qu'on approfondisse tous les faits partiels, et on verra que les frères de l'Empereur peuvent aussi revendiquer leur part de gloire, et que leur conduite peut encore briller quand on la compare à celle des hommes éminents qui, dans tous les temps, ont illustré leur pays.

Né en 1768, Joseph Bonaparte était, à l'âge de vingt-deux ans, député du district d'Ajaccio à l'assemblée corse d'Ozezza ; il s'y fit remarquer par son dévouement à la France et à la révolution. Ambassadeur à vingt-huit ans, il représenta dignement à Rome les intérêts de sa patrie, et une émeute excitée contre le drapeau tricolore vint échouer devant sa fermeté. Élu membre du conseil des Cinq-Cents, il se distingua par son éloquence et par la chaleur avec laquelle il défendit les grands principes de la révolution, principes qu'il avait embrassés de bonne heure avec enthousiasme.

Créé membre du conseil d'État, il conclut, en 1800, avec les États-Unis, de concert avec Rœderer et Fleurieu, un traité de commerce avantageux pour la France, et eut l'insigne honneur de conclure la paix avec l'Allemagne, à Lunéville, en 1801; de participer au concordat et de signer la paix avec l'Angleterre, à Amiens, en 1802.

A propos du traité de Lunéville, Moreau lui écrivit en date du 12 pluviôse an IX une lettre de félicitations où l'on trouve cette phrase : « Recevez, citoyen ministre, mes compliments pour la manière dont vous avez assiégé et pris Mantoue sans quitter Lunéville. » C'était, en effet à l'habileté de Joseph que la France devait de conserver cette importante place de guerre.

Sénateur en 1803, il participa à un grand acte, le traité de garantie qui ratifiait les changements advenus en Allemagne et qui fut signé par l'Autriche, la Russie, la Prusse et la Bavière. Par ce traité, l'Allemagne, naguère divisée en 284 États, n'en compta plus que 147.

L'Empire venait d'être créé, et, à défaut d'héritier mâle de l'Empereur, la sanction populaire avait désigné comme successeurs à Napoléon ses frères Joseph et Louis et leurs descendants.

Joseph, qui jusque-là ne s'était distingué que dans la diplomatie, fut appelé à commander un régiment au fameux camp de Boulogne. L'Empereur voulait que ses frères, qui devaient désormais être les piliers d'un nouvel édifice, fussent capables de diriger à la fois les affaires militaires et les affaires civiles.

A cette époque, la couronne de Lombardie fut offerte à Joseph, qui la refusa, parce que l'Empereur lui avait imposé comme conditions de renoncer à ses droits au trône qu'il venait de fonder, et de payer annuellement un tribut à la France.

Peu après la campagne d'Austerlitz, Joseph est mis à la tête d'une armée qui doit faire la conquête du royaume de Naples, et repousser les Anglais et les Russes, qui y soutiennent le gouvernement cruel et tyrannique de Caroline.

Quarante mille Français s'avancent, et bientôt les ennemis sont mis en déroute à Capoue, à San-Lorenzo, à Lago-Negro, à Campo-Tenese; et le frère de l'Empereur monte sur le vieux trône de la maison d'Anjou.

Certes, la conquête du royaume de Naples, la

régénération de cette partie de l'Europe sont des événements dont l'importance disparaît devant Marengo, Austerlitz, Jéna ; mais l'impartiale histoire ne doit pas se laisser éblouir par les grands événements seuls ; il est de son devoir de rendre à chacun la justice qui lui est due, sans faire dépendre le mérite de l'acteur de l'étendue du théâtre.

Nous sommes encore vivement impressionnés en lisant le récit de l'expédition de Charles VIII en 1494. Nous sommes fiers de voir, au quinzième comme au dix-neuvième siècle, les petits tyrans d'Italie trembler devant le drapeau français, et les peuples, alors comme aujourd'hui, invoquer l'appui de la France contre ses oppresseurs. Mais Charles VIII ne sut pas profiter de sa victoire, et les peuples d'Italie avaient beau crier liberté ! liberté ! « *le roi*, dit Philippe de Commines dans ses *Mémoires* (liv. VII, chap. vi), *ne savait pas bien ce que ce mot valait.* » En effet, il employa son temps à donner des tournois et des fêtes, et son passage en Italie ne laissa d'autres traces que le souvenir de la valeur française ; Joseph, au contraire, profita de son autorité passagère pour ancrer profondément dans ce coin de l'Europe les institutions, les idées françaises et des principes d'égalité qui ont survécu à sa chute. Il entreprit la tâche difficile de faire pénétrer dans ce pays, avili par le despotisme le plus brutal, le soleil de 89, en employant pour moyens la persuasion et la douceur. Au lieu de rester comme Charles VIII à Naples, occupé à rompre des lances, il parcourut deux fois, suivi de peu de monde, toutes les provinces du royaume, de Reggio à Tarente, s'enquérant dans chaque localité des besoins de la population, mettant à honneur de faire cesser cette déchirante misère du peuple qui, sous ce beau climat, contraste à si haut point avec la richesse de la nature; et c'est à lui qu'on doit la diminution et le commencement de civilisation de cette classe nombreuse d'ilotes qu'on nomme à Naples Lazzaroni. Il les employa au travail des champs et des routes, et ce sont eux qui ouvrirent le beau passage de Capo di Monte. Des plans furent dressés pour mettre à exécution l'ancien projet de réunir par un canal la mer Ionienne à la mer Tyrrhénienne. Et ainsi, tandis que l'Empereur au milieu de ses gigantesques travaux formait le plan de creuser le lit de la Seine et de faire de Paris un port de mer, ses frères imitaient hors de France le même exemple civilisateur. Car, pendant que Joseph, à l'extrémité de la péninsule italienne, travaillait à réaliser une idée qui datait des Romains, le prince

Eugène commençait à creuser le lit du Pô, ouvrage de la plus grande utilité pour la haute Italie, et qui, d'après les devis, devait être terminé en 1830 ; et d'un autre côté le roi Louis, en Hollande, se préparait à dessécher le lac d'Haarlem.

Dès que Joseph se trouva à la tête d'un gouvernement, il s'entoura, à l'exemple de son frère, d'un conseil d'Etat composé de tous les hommes les plus distingués, qu'il divisa en sections spéciales. C'est au concours de cette assemblée, où tous les plans étaient discutés avec la plus grande sagesse, qu'il faut attribuer les changements importants que subirent bientôt les finances, l'administration, la justice ; car les impôts furent également répartis, la loi fut proclamée égale pour tous, et la justice fut remise en des mains intègres et indépendantes.

Par son esprit conciliant, par la création des gardes nationales, Joseph fit cesser les brigandages qui infestaient le pays ; par l'habileté de ses mesures, il abolit les droits féodaux par la propre intervention des nobles ; il supprima les couvents par la propre intervention du clergé, et il prépara l'avénement d'une nouvelle génération éclairée, en fondant un grand nombre d'écoles civiles et militaires qui, la plupart, existent encore aujourd'hui. Enfin il fit ouvrir une grande route jusqu'à

Reggio ; il fit défricher une partie considérable du territoire surnommé Tavoliere di Pulglia ; il recula les douanes jusqu'aux frontières, il commença les embellissements de la capitale, et, au bout du court espace de deux ans, ce pays, naguère barbare, se trouva pacifié, régénéré, enrichi par l'effort persévérant d'un digne fils de notre révolution.

Mais le frère aîné de l'Empereur devait avoir une tâche plus rude à remplir. Ses soins ne devaient pas se borner au royaume de Naples, lorsque l'Europe était en feu, et que les vieux trônes croulaient les uns sur les autres au bruit de notre canon.

Ce ne fut pas sans regrets que Joseph quitta les rives enchanteresses de Caprée et d'Ischia, et qu'il se rendit en 1808 auprès de son frère à Bayonne. Il fallut même un concours de circonstances impérieuses pour le forcer d'accepter la couronne d'Espagne ; mais l'Empereur lui ayant dit que Charles IV avait déclaré ne pas vouloir rentrer en Espagne sans le prince de la Paix, objet de l'animadversion populaire, que Ferdinand était un homme sans mérite et sans foi, auquel il ne pourrait se fier, et que, d'ailleurs, l'exemple d'un fils détrônant son père était une trop grand immoralité pour en donner le spectacle à l'Europe, et qu'enfin la junte réunie à Bayonne regardait son acceptation comme le seul moyen de sortir des difficultés présentes, Joseph accepta, non par ambition, mais par devoir.

La première félicitation que reçut le nouveau roi fut de Ferdinand, de celui-là même dont il allait occuper le trône : preuve évidente de la lâcheté de celui qu'il allait remplacer!

Fort de l'assentiment de tous les Espagnols réunis à Bayonne, Joseph crut que le sol ibérien était aussi prêt que celui de Naples pour une complète régénération. Fidèle à ses antécédents, désirant n'employer que la persuasion et la douceur pour fonder son autorité, il demanda à son frère de retirer toutes les troupes françaises de l'Espagne, se faisant fort d'obtenir les suffrages de la nation sans troupes étrangères et espérant le succès d'un appel loyal fait au caractère chevaleresque du peuple espagnol. Si le cours des évènements rendit cette proposition impossible, il faut reconnaître du moins qu'elle ne manquait pas de grandeur, et que ce n'était pas le pouvoir seul qu'ambitionnait Joseph, mais le bonheur de l'Espagne. Comme à Naples, il commença à réunir autour de lui les hommes les plus distingués et à remplacer tous les abus de l'ancien régime par des institutions calquées sur celles de la France.

Mais ni l'esprit élevé de Joseph, ni la valeur de nos troupes ne purent vaincre le fanatisme espagnol, excité contre nous par la haine des moines, et soutenu par les armées anglaises. La mission de Joseph, celle qui convenait le plus à la bonté de son cœur, à la disposition philosophique de ses idées, était toute pacifique; les événements le forcèrent à n'être que soldat. Quoiqu'il ne manquât ni de courage, ni même de décisions très-saines au milieu des événements critiques de la guerre, il ne pouvait pas toujours imprimer aux mouvements des différents corps d'armée cet ensemble, si nécessaire aux succès, parce qu'il n'y avait que l'Empereur capable de réprimer cette jalousie des maréchaux, qui souvent faisait échouer les plans les mieux combinés. Cependant Joseph faisait tout le bien qu'il lui était permis d'accomplir dans le court intervalle que lui laissaient les soins de la guerre, et tous ses efforts tendaient surtout à éviter l'effusion du sang et à recevoir la couronne du libre consentement du peuple espagnol. Dans ce but, il fit une déclaration solennelle par laquelle il appelait à Grenade une junte centrale qui devait décider cette simple question : « *Devons-nous ou ne devons-nous pas accepter le Roi et la Constitution offerte par la junte de Bayonne?* Si la nation consentait à la réunion de cette assemblée générale, Joseph promettait le départ des troupes françaises et sa soumission complète à la volonté nationale légalement exprimée. Mais que sont les intentions les plus pures au milieu d'événements qui se précipitent et de passions qui se heurtent? des pieux plantés au travers d'un torrent qui s'écoule! La furie des flots les emporte; l'histoire seule les recueille!

Cependant, malgré les triomphes partiels des troupes françaises, et quoique les offres généreuses de Joseph lui eussent ouvert les portes de Séville, de Grenade, de Jaën, l'Empereur fatigué de cette guerre, qui traînait en longueur, supprima tout à coup les secours d'argent qu'il envoyait en Espagne, et, par un décret, soumit une grande partie du territoire à l'état de siége. Ces deux mesures, qui devaient contribuer à augmenter l'exaspération du peuple espagnol, affligèrent profondément Joseph; il partit pour Paris dans l'intention d'expliquer ses vues à son frère, et de protester contre ces mesures. Celui-ci lui assura que l'état de siége devait promptement cesser, que cette décision avait produit un bon effet sur le gouvernement anglais, qui offrait de retirer ses troupes du Portugal si les troupes françaises évacuaient l'Espagne; de reconnaître le roi Joseph s'il recevait la sanction des cortès, et si la France reconnaissait, de son côté, la maison de Bragance en Portugal. De retour en Espagne, le roi Joseph vit bien que tous ses plans de pacification ne pouvaient se réaliser, et il écrivit alors à son frère la lettre suivante, qui peint complétement le caractère honorable de l'homme:

« Madrid, 23 mars 1812. »

« *A l'Empereur.*

« Sire,

« Lorsqu'il y a un an je demandai l'avis de V. M., avant de revenir en Espagne, vous m'engageâtes à retourner; c'est pour cela que je suis ici. Vous eûtes la bonté de me dire, que j'aurais toujours la faculté d'abandonner ce pays, si l'espoir que nous avions conçu ne se réalisait pas. Dans ce cas, V. M. m'assurerait un asile dans le midi de l'Empire, entre lequel et Morfontaine je pourrais partager ma résidence. Sire, les événements ont déçu mon espoir : je n'ai fait aucun bien et je n'ai plus l'espoir d'en faire. Je prie donc V. M. de me permettre de déposer entre ses mains le droit à la couronne d'Espagne qu'elle daigna me transmettre il y a quatre ans. En acceptant la couronne de ce pays, je n'ai jamais eu autre chose en vue que le bonheur de cette vaste monarchie. Il n'a pas été en mon pouvoir de l'accomplir. Je prie V. M de me recevoir comme un de ses sujets, et de croire qu'elle n'aura jamais de serviteur plus fidèle que l'ami que la nature lui a donné.

« Joseph. »

On comprend que l'Empereur ne put accepter cette abdication, car il voulait, à tout prix, que la guerre d'Espagne eût bientôt un terme, et qu'elle ne l'entravât pas dans ses projets. Aussi, malgré la résistance des Espagnols et l'appui des Anglais, l'Espagne eût été soumise si la fortune n'eût pas abandonné nos aigles dans la campagne de Russie.

Les États ne périssent que par trop d'orgueil ou trop de lâcheté. L'Empire tomba pour avoir étendu trop loin son action civilisatrice. Il n'était donné, ni à la plus grande nation ni au plus grand génie, de combattre à la fois l'ancien régime sur les bords du Tage et sur ceux de la Moscowa, et de régénérer l'Europe en dix ans !

Les revers de la patrie ramenèrent en France tous ces rois plébéiens, qui avaient été, dans les diverses parties de l'Europe, répandre, à l'ombre d'une couronne, les principes de 89. La victoire les avait fait rois; la défaite les retrouva citoyens et soldats. En 1814, l'Empereur confia à Joseph la défense de Paris et la garde de son fils et de l'Impératrice : il lui enjoignit fatalement d'éviter, à tout prix, que son fils ne tombât entre les mains des ennemis : Joseph accomplit fidèlement cet ordre, qui eut un funeste résultat.

Cet acte de la vie du roi d'Espagne a toujours été très-sévèrement jugé, mais jamais avec autant d'acrimonie et d'exagération que dans *l'Histoire des deux Restaurations de 1814 et de 1815*, par M. Achille de Vaulabelle, histoire dont *le National* a reproduit des extraits dans son numéro du 8 août.

La vénération que nous portons à la mémoire de l'homme que nous venons de perdre ne nous aveuglera pas au point de nier la part de responsabilité qui lui revient des malheurs de 1814. Mais si nous avouons qu'il manqua à cette époque de toute l'énergie qu'exigeait cette circonstance difficile, nous soutiendrons que Joseph ne se rendit jamais coupable de la lâcheté qu'on lui reproche dans l'article du *National*. Rappelons les faits en peu de mots. Pendant que l'Empereur manœuvre entre la Marne et la Seine pour arrêter la marche des ennemis, ceux-ci s'avancent sur Paris par Reims et Soissons; mais Napoléon espère que la capitale pourra résister quelques jours et qu'il aura le temps de revenir la défendre en personne. Cependant il n'ignore pas la gravité des circonstances, et redoute surtout que son fils, tombé entre les mains des alliés, ne serve d'otage aux ennemis.

Aussi, dans la prévoyance que Paris ne puisse pas tenir, il écrit la lettre suivante à son frère le roi Joseph :

« Reims, 16 mars 1814. »

« D'après les instructions verbales que je vous ai données, comme d'après l'esprit de mes lettres, vous ne devez, en aucun cas, *permettre que l'Impératrice et le Roi de Rome tombent entre les mains des ennemis.* Je vais manœuvrer de telle manière qu'il est possible que vous restiez quelques jours sans que vous puissiez avoir de mes nouvelles. Si l'ennemi s'avance sur Paris avec des forces telles que toute résistance devienne inutile, faites partir dans la direction de la Loire la Régente, mon fils, les grands dignitaires, les ministres, les officiers du sénat, les officiers du conseil d'État, les grands officiers de la couronne, le baron de la Bouillerie et le Trésor. *Ne quittez pas mon fils*, et rappelez-vous que je préférerais le savoir dans la Seine plutôt qu'entre les mains des ennemis de la France. Le sort d'Astyanax, prisonnier des Grecs, m'a toujours paru le sort le plus malheureux de l'histoire.

« *Signé* : Napoléon. »

Joseph, malheureusement, accomplit fidèlement les ordres qu'il avait reçus. Il déclara qu'il resterait à Paris ; il y resta même tant qu'il crut la défense possible. Mais lorsqu'il vit que les partisans des Bourbons semaient partout la désaffection et la crainte, lorsque le ministre de la guerre, le duc de Feltre, lui eut assuré qu'il n'y avait point d'armes à distribuer à la population, et qu'enfin l'ennemi fut parvenu jusqu'à Montmartre, il crut le moment venu de suivre ses instructions, et autorisa la capitulation. On sentait, hélas ! qu'il n'y avait que l'Empereur seul qui pût, par sa présence, dompter les ennemis intérieurs et extérieurs; car Lavalette écrivait le 28, au quartier général, une lettre contre-signée dans le Manuscrit de 1814, où on lit le passage suivant :
« Les partisans de l'étranger, encouragés par ce
« qui se passe à Bordeaux, lèvent la tête; des me-
« nées secrètes les secondent. La présence de
« Napoléon est nécessaire s'il veut empêcher que

« sa capitale ne soit livrée à l'ennemi. Il n'y a pas
« un moment à perdre. »

Certes, il est à jamais regrettable que Joseph ne se soit pas senti inspiré d'une de ces résolutions magnanimes qui changent quelquefois une défaite en triomphe ou qui du moins illustrent toujours le malheur! Il devait désobéir aux instructions de l'Empereur, et comprendre qu'il y a des moments suprêmes où l'on ne reçoit d'ordres que de son cœur. Mais il y a loin de sa conduite à ce rôle ignoble que veut lui faire jouer M. Achille de Vaulabelle.

Cet auteur le représente, pendant l'agonie de l'Empire, ne songeant qu'à sa sûreté personnelle, ne pensant qu'à son trône d'Espagne, refusant d'abdiquer; et même il fait tenir à l'Empereur ces paroles : « En vérité, ne dirait-on pas que je lui
« enlève la part de l'héritage du feu roi notre
« père ! » On voit, par la lettre que nous avons citée plus haut, la fausseté et l'invraisemblance de cette supposition. Eh quoi! Joseph, qui, en 1812, abdiquait à Madrid la couronne d'Espagne parce qu'il ne croyait pas pouvoir y faire le bien, refuserait d'abdiquer en 1814, au milieu des désastres de l'Empire, alors qu'il s'agit de sauver la France et l'Empereur! Non-seulement cette accusation est invraisemblable, mais elle est absurde. Les pa-

roles qu'on prête à l'Empereur sont vraies; mais elles ont été prononcées à une tout autre époque, et adressées à une tout autre personne.

C'est à sa sœur la reine de Naples que l'Empereur adressa ces paroles empreintes d'une si mordante ironie, alors qu'elle réclamait en 1806, comme un droit, un pouvoir que l'Empereur ne déléguait que dans l'intérêt des peuples : quand on se mêle d'écrire l'histoire, on devrait au moins s'assurer de la vérité des citations.

Accuser Joseph et Jérôme d'avoir craint les boulets ennemis en 1816 sous Paris, c'est émettre une calomnie que toute leur vie dément. Joseph, dans la campagne de Naples, se conduisit avec le plus grand courage; à Gaëte il se présente bravement sur la brèche; en Espagne, aux batailles de Talavera, d'Almonacid, d'Ocana, il s'expose lui-même aux premiers rangs; et quant à Jérôme, il prouva bien à Waterloo, comme il l'avait déjà prouvé en Silésie, que le sang de l'Empereur coulait dans ses veines.

Joseph, nous le répétons, n'était pas l'homme énergique dont les grandes conceptions enfantent les indomptables courages et les résolutions les plus audacieuses. La guerre et les grands événements qu'elle amène n'électrisaient pas ses facultés; la victoire le trouvait toujours modeste, la défaite toujours résigné, toujours esclave des ordres qu'il recevait de son frère. L'Empereur lui eût dit de rester inébranlablement à son poste en 1814, il y fût resté ; il lui ordonna au contraire, de partir avec son fils, il partit.

Nous ne pouvons rien faire de mieux pour sa mémoire, que de reproduire ici un passage d'une lettre que le célèbre et patriote général Lamarque lui écrivit en 1824 :

*Au comte ds Survilliers.*

« . . . . . . . . . . . . . . . . . . . . . . . . . .

« Comme vous, j'ai été proscrit, comme vous j'ai erré en pays étrangers, formant sans cesse des vœux pour ma patrie. Je sais combien, dans de telles circonstances, on devient irritable et sensible, combien on sent vivement les attaques des ennemis ; mais à mon retour je m'aperçus que dans l'exil on s'exagérait toujours l'importance de semblables attaques. La générosité de la nation française est un immense bouclier qui protège ceux qui souffrent, et les coups dirigés contre eux retombent sur l'agresseur.

« Vous auriez plus à craindre, sire, si vous étiez encore sur le trône. Soyez tranquille là-dessus, et que les calomnies qui vous arrivent à travers l'Océan ne troublent pas un moment votre bonheur intérieur ni la quiétude de votre retraite. C'est le dernier coup de la tempête, le dernier flot de la vague expirante.

« Mon général, comptez sur mon attachement qui égale presque celui que je porte à la mémoire de mon père. Recevez l'assurance de ma reconnaissance et l'hommage du sincère et respectueux dévouement de votre très-humble et très-obéissant serviteur.

« Max. LAMARQUE.

Paris, 27 mars 1824.

Retiré en 1814 près de Lausanne, Joseph fit prévenir l'Empereur que plusieurs assassins avaient été envoyés de Paris pour le tuer, et cet avertissement amena l'arrestation, à l'île d'Elbe, de deux individus qui avouèrent leur crime et nommèrent les auteurs de cette infernale machination.

Pendant les Cent-Jours, le roi Joseph partagea plus intimement encore les projets, les craintes, les espérances de son frère. Il suggéra à celui-ci l'idée d'envoyer une personne de confiance à Pozzo-di-Borgo, afin de le gagner à la cause française, et d'employer son influence à diviser la coalition au Congrès de Vienne. L'envoyé qui portait cinq millions et la promesse d'une grande position en Corse, arriva trop tard. Pozzo-di-Borgo, séduit par ces offres, répondit au mandataire : « Je sors du Congrès, j'ai employé toute mon éloquence et toutes mes forces à ranimer la coalition contre l'Empereur, je ne puis plus revenir maintenant sur ce que j'ai fait ; je me perdrais sans sauver l'Empereur. Que n'êtes-vous venu quelques heures plus tôt ! » A quoi tiennent les destinées des Empires !

Joseph vit son frère pour la dernière fois à Rochefort ; il lui proposa de se livrer, à sa place, aux Anglais, qui, trompés par la ressemblance, croiraient emmener l'Empereur en Angleterre, tandis qu'il passerait tranquillement aux États-Unis. Napoléon refusa ; et alors les deux frères se dirent un éternel adieu : l'un partit pour Sainte-Hélène et l'autre pour les États-Unis d'Amérique.

Ici commence pour Joseph une nouvelle vie qui sera diversement jugée, parce qu'elle ne peut échapper entièrement aux passions politiques qui divisent encore aujourd'hui la France. Il s'établit à Point-Breeze près de Philadelphie, où il acquit bientôt l'influence et l'estime que donnent un nom illustre, une grande fortune, des manières simples et prévenantes, et une grande générosité. De nombreux débris de nos dissensions politiques vinrent chercher un refuge auprès de lui, et Clauzel, Lallemant, Lefèvre-Desnouettes, Bernard et une foule d'autres, dont nous avons oublié les noms, reçurent des preuves réitérées de la bonté de son cœur. Napoléon, ayant fait à Sainte-Hélène un appel à sa famille, afin que chacun se cotisât pour mettre à sa disposition les sommes dont il avait besoin, Joseph, sans hésiter, offrit toute sa fortune à son frère. L'Empereur ne profita que peu de cette offre généreuse.

Le 5 mai 1821 fut un jour de déchirante douleur pour tous les membres de la famille Bonaparte : le grand homme était mort captif, et son fils l'était encore. Joseph, désirant faire tout ce qu'il croyait devoir être agréable à l'ombre de l'Empereur, demanda à l'Autriche la permission de se rendre auprès du duc de Reichstadt, afin que celui-ci pût recevoir les conseils et les consolations du frère et de l'ami de son père ; M. de Metternich refusa.

Tandis que Joseph vivait en philosophe sur les bords de la Delaware, ne songeant qu'à faire du bien à ceux qui l'entouraient, il reçut une proposition qui le surprit autant qu'elle dut le toucher. Une députation de Mexicains vint lui offrir la couronne du Mexique. L'ancien roi de Naples et d'Espagne répondit à peu près en ces termes à cette députation : « J'ai porté deux couronnes, je ne ferais pas un pas pour en porter une troisième ; rien n'est plus flatteur pour moi que de voir des hommes, qui, lorsque j'étais à Madrid, ne voulurent pas reconnaître mon autorité, venir aujourd'hui dans l'exil me chercher pour me mettre à leur tête ; mais je ne crois pas que le trône que vous voulez élever de nouveau puisse faire votre bonheur, chaque jour que je passe sur la terre hospitalière des État-Unis me démontre davantage l'excellence des institutions républicaines pour l'Amérique ; gardez-les donc comme un don précieux de la Providence ; apaisez vos querelles intestines ; imitez les États-Unis, et cherchez au milieu de vos concitoyens un homme plus capable que moi de jouer le grand rôle de Washington.

Lorsque La Fayette fit son voyage triomphal aux États-Unis, il vint voir le frère de l'Empereur ; il lui exprima hautement les regrets que lui inspirait la conduite qu'il avait tenue en 1815, et lui adressa ces propres paroles : « La dynastie des Bourbons ne pourra pas se maintenir ; elle froisse trop ouvertement le sentiment national ; nous sommes tous persuadés en France que le fils de l'Empereur peut seul représenter tous les intérêts de la révolution : mettez deux millions à la disposition de notre comité, et je vous promets qu'avec ce levier, au bout de deux ans, Napoléon II sera sur le trône de France. » Joseph crut les moyens trop faibles, en raison du but qu'il s'agissait d'obtenir. Il n'accepta point ces offres.

Cependant le fond de la prédiction de la Fayette devait se vérifier, et le mot de liberté traversant les mers vint bientôt apprendre à Joseph que la France avait de nouveau arboré le drapeau tricolore.

Le roi Joseph, imbu des idées de la révolution de 89, ne pouvait méconnaître le grand principe de la souveraineté populaire ; mais, à ses yeux, il fallait que l'application de ce principe fût régulière et légale ; et lorsqu'il apprit avec quelle promptitude on avait établi en 1830 un nouveau gouvernement, il adressa à la Chambre des députés la protestation suivante, que nous reproduisons comme document historique, telle qu'elle a été publiée par tous les journaux de l'époque.

« *A MM. les membres de la Chambre des Députés, à Paris.*

« Messieurs,

« Les mémorables événements qui ont relevé en France les couleurs nationales et détruit l'ordre de choses établi par l'étranger, dans l'ivresse du succès, ont montré la nation dans son véritable jour ; la grande capitale a ressuscité la grande nation.

« Proscrit loin du sol de la patrie, je m'y serais présenté aussitôt que cette lettre, si je n'avais lu, parmi tant de noms avoués par la libéralité de la nation, celui d'un prince de la maison de Bourbon. Les événements des derniers jours de juillet ont mis dans tout son jour cette vérité historique : il est impossible à une maison régnante par le droit divin de se maintenir sur le trône lorsqu'elle en a été une fois expulsée par la nation, parce qu'il n'est pas possible que des princes nés avec la prétention d'avoir été prédestinés pour régir un peuple, s'élèvent au-dessus des préjugés de leur naissance. Aussi le divorce entre la maison de Bourbon et le peuple français avait-il été prononcé, et rien au monde ne pouvait détruire les souvenirs du passé. Tant de sang, de combats, de gloire, de progrès dans tous les genres de civilisation, tant de prodiges opérés par la nation, sous l'influence des doctrines libérales, étaient des brandons de discorde tous les jours rallumés entre les gouvernants et les gouvernés ; fatigués de tant de révolutions et désireux de trouver la paix sous une charte donnée et acceptée comme ancre de salut, après tant d'orages, les bons esprits étaient en vain disposés à tous les sacrifices; plus puissante que les hommes, la force des choses était là, et rien ne pouvait mettre d'accord les hommes d'autrefois restés stationnaires, et ceux qu'une révolution de trente ans avait grandis et régénérés. En vain le duc d'Orléans abjure sa maison au moment de ses malheurs; Bourbon lui-même, rentré en France, l'épée à la main, avec les Bourbons à la suite des étrangers, qu'importe que son père ait voté la mort du roi, son cousin, pour se mettre en sa place? Qu'importe que le frère de Louis XVI le nomme lieutenant général du royaume et régent de son petit-fils! En est-il moins Bourbon? En a-t-il moins la prétention de devoir être appelé au trône par le droit de sa naissance? Est-ce bien sur le choix du peuple, ou sur le droit divin qu'il compte pour s'asseoir au trône de ses ancêtres? Ses enfants penseront-ils autrement? et le passé et le présent ne font-ils pas assez prévoir quel sera l'avenir sous une branche de cette maison? Le 14 juillet, le 10 août n'annonçaient-ils pas assez les derniers jours de juillet 1830? et ces journées à leur tour ne menacent-elles pas la nation d'un nouveau 28 juillet, à une époque plus ou moins rapprochée?

« Non, messieurs, jamais les princes institués par le droit divin ne pardonnent à ceux auxquels ils sont redevables ; tôt ou tard ils les punissent des bienfaits qu'ils en ont reçus ; leur orgueil ne plie que devant l'auteur du droit divin, parce qu'il est invisible. Les annales de toutes les nations nous redisent ces vérités ; elles ressortent assez de l'histoire de notre propre révolution, elles sont écrites en lettres de sang sur les murs de la capitale ; à quoi ont servi et le milliard prodigué aux ennemis de la patrie et les condescendances de tous les genres dont on a salué les hommes d'autrefois ?

« Vous construiriez sur le sable si vous oubliiez ces éternelles vérités ; vous seriez comptables à la nation, à la postérité des nouvelles calamités auxquelles vous les livreriez : non, messieurs, il n'y a de légitime sur la terre que les gouvernements avoués par les nations ; les nations les créent et les détruisent selon leurs besoins ; les nations seules ont des droits ; les individus, les familles particulières ont seulement des devoirs à remplir.

« La famille de Napoléon a été appelée par trois millions cinq cent mille votes : si la nation croit dans son intérêt de faire un autre choix, elle en a le pouvoir et le droit ; mais *elle seule*.

« Napoléon II a été proclamé par la Chambre des députés de 1815, qui a reconnu en lui un droit conféré par la nation; j'accepte pour lui toutes les modifications discutées par la Chambre de 1815, qui fut dissoute par les baïonnettes étrangères.

« J'ai des données positives pour savoir que Napoléon II serait digne de la France; c'est comme Français surtout que je désire que l'on reconnaisse les titres incontestables qu'il a au trône, tant que la nation n'aura pas adopté une autre forme de gouvernement : seul, pour être légitime dans la véritable acception du mot, c'est-à-dire légalement et volontairement élu par le peuple, il n'a pas besoin d'une nouvelle élection ; toutefois la nation est maîtresse de confirmer ou de rejeter des titres qu'elle a donnés, *si telle est sa volonté* : jusque-là, messieurs, vous vous devez à Napoléon II, et jusqu'à ce que l'Autriche le rende aux vœux de la France, je m'offre à partager vos périls, vos efforts, vos travaux, et, à son arrivée, à lui transmettre la volonté, les exemples, les dernières dispositions de son père, mourant victime des ennemis de la France, sur le rocher de Sainte-Hélène. Ces paroles m'ont été adressées sous la plume du général Bertrand : « Dites à « mon fils qu'il se rappelle avant tout qu'il est

« Français ; qu'il donne à la nation autant de li-
« berté que je lui ai donné d'égalité : la guerre
« étrangère ne me permit pas de faire tout ce que
« j'aurais fait à la paix générale. Je fus perpétuel-
« lement en dictature ; mais je n'ai eu qu'un mo-
« bile dans toutes mes actions, l'amour et la
« gloire de la grande nation : qu'il prenne ma
« devise : *tout pour le peuple français*, puisque
« tout ce que nous avons été, c'est par le peuple. »

« Messieurs, j'ai rempli un devoir qui me paraît sacré. Puisse la voix d'un proscrit traverser
l'Atlantique, et porter au cœur de ses compatrio-
tes la conviction qui est dans le sien ! *La France
seule* a le droit de juger le fils de Napoléon : le fils
de cet homme de la nation peut seul réunir tous
les partis dans une constitution vraiment libérale,
et conserver la tranquillité de l'Europe : le suc-
cesseur d'Alexandre n'ignore pas que ce prince
est mort avec le regret d'avoir éloigné le fils de
Napoléon. Le nouveau roi d'Angleterre a un grand
devoir à remplir, celui de laver son règne de l'op-
probre dont se sont couverts les geôliers minis-
tériels de Sainte-Hélène : les sentiments de l'empereur d'Autriche ne sauraient être douteux ;
ceux du peuple français sont pour Napoléon II.

« La liberté de la presse est le triomphe de la
vérité ; c'est elle qui doit porter la lumière dans

toutes les consciences ; qu'elle parle, et que la volonté de la grande nation s'accomplisse, j'y souscris de cœur et d'âme.

« *Signé* Joseph-Napoléon Bonaparte,
« Comte de Survilliers.
« New-Yorck, le 18 septembre 1830.

Nous croyons devoir mettre en regard de cette lettre l'article où *le Constitutionnel* du 7 août 1844 rend compte à sa manière des opinions politiques du frère de l'Empereur ; on verra comment l'esprit de parti défigure les caractères, quand cela convient à sa politique.

« Il est bien de rappeler, dit ce journal, aux Bo-
« naparte, comment le frère aîné de Napoléon avait
« abdiqué ses vieux titres devant les titres nou-
« veaux et éclatants de la dynastie de Juillet. Le
« chef de la famille de Napoléon témoignait, par
« *tous ses actes,* de son respect profond pour la
« volonté nationale qui avait élevé le trône de
« 1830. »

Le frère aîné de l'Empereur, on le voit par ce ce qui précède, était prêt à abdiquer tous ses vieux titres, mais en présence seulement de la souveraineté du peuple.

Après la mort du duc de Reichstadt, Joseph vint se fixer en Angleterre. Il y arriva en 1832 et appela auprès de lui ses frères Lucien et Jérôme, et son neveu le prince Louis Napoléon. On comprendra facilement que les événements qui se développaient devant ses yeux et l'opposition si menaçante que rencontraient les actes du gouvernement français devaient être le sujet de ses méditations.

Persuadé que le gouvernement ne pourrait se maintenir s'il n'entrait pas franchement dans une voie plus nationale, le chef de la famille de l'Empereur crut qu'il était nécessaire au triomphe de ce qu'il appelait la cause populaire qu'une union sincère et complète eût lieu entre le parti républicain et le parti bonapartiste. Dans ce but plusieurs amis de Carrel, et entre autres MM. B..... et T..... vinrent le trouver. Ils eurent ensemble de longues conférences, et si leurs souvenirs leur rappellent la haute estime que le roi Joseph avait pour eux et la conformité de leurs opinions sur toutes les grandes questions, ils doivent, nous en sommes persuadés, regretter d'avoir laissé imprimer dans leur journal, pour toute oraison funèbre de l'homme qui les avait reçus avec tant de cordialité : *Non, Joseph ne mérite pas les regrets de la France*. Plusieurs généraux vinrent également trouver le roi Joseph, et MM. F. D... et S..., ne pouvant aller jusqu'à Londres, vinrent porter au prince Louis Napoléon, jusqu'à Ostende, pour qu'il les reportât à son oncle, des paroles de consolation et d'espoir de la part de Jacques Laffitte et de la Fayette.

Cependant, ces conciliabules n'eurent aucun résultat, et voici pourquoi. Le gouvernement français n'était pas indifférent à cette fusion de deux partis nationaux, qui menaçaient d'unir contre lui leurs efforts communs, et pour les diviser, il eut recours à une de ces tactiques dont nous avons souvent vu des exemples. Comme dans tous les partis nombreux il y a toujours malheureusement des faux frères, il sut introduire dans les clubs républicains à Paris des hommes qui furent chargés d'exciter la susceptibilité démocratique contre l'Empire, et qui poussèrent les hommes les plus fougueux et les plus irréfléchis à attaquer toute cette époque glorieuse dans le journal *la Tribune*, et à remettre en honneur les crimes de Marat, de Lebon, de Saint-Just, de Robespierre, oubliant ainsi toutes les grandes vérités de la révolution pour ne faire valoir que ses excès. Quoique *le National* ne se soit jamais rendu coupable de ces déclamations furibondes, elles irritèrent profondément Joseph et le disposèrent à se montrer plus exigeant envers les conditions qu'on voulait lui faire accepter. L'alliance projetée fut rompue, et le but du gouvernement atteint. En général le prince Louis Napoléon était d'accord avec son oncle sur toutes les questions fondamentales; mais il différait de lui sur un point essentiel, ce qui offrait un bizarre contraste. Le vieillard, dont les jours étaient comptés, ne voulait rien précipiter, résigné à tout attendre du temps; tandis que le jeune homme, impatient, voulait agir et accélérer les événements.

L'insurrection de Strasbourg du mois d'octobre 1836 eut donc lieu sans l'autorisation et sans la participation de Joseph; aussi en fut-il très-mécontent, surtout parce que les journaux le trompèrent sur le but et les intentions de son neveu; et, en 1837, il repartit pour l'Amérique. De retour en Europe en 1839, il retrouva son neveu en Angleterre, et éclairé alors sur le but et sur les moyens, sur les intentions du prince Louis Napoléon, il lui rendit toute sa tendresse. La publication des idées napoléoniennes mérita toute son approbation, et à cette occasion il déclara ouvertement qu'en sa qualité d'ami et de dépositaire des pensées les plus intimes de l'Empereur, il pouvait dire hautement que ce livre était le résumé exact et fidèle des intentions politiques de son frère.

Jusqu'en 1840, Joseph avait conservé toute sa

force, toute son énergie, toutes les brillantes facultés de son âme. Mais il eut alors une attaque de paralysie dont il ne se releva jamais complétement. Il alla aux eaux d'Allemagne pour se remettre; il revint après l'affaire de Boulogne en Angleterre, puis enfin, il obtint la permission de se rendre à Florence où on espérait que le climat, que les soins de sa femme rétabliraient sa santé. Dans les dernières années de sa vie, les malheurs seuls de sa famille le préoccupaient vivement. Il témoigna à plusieurs reprises combien la captivité de son neveu sur le sol français lui tenait à cœur, et combien il était injuste à la France de laisser mourir en exil tous ces hommes qui l'avaient bien servie.

Ayant près de lui la reine Julie, qui fut toujours un ange de consolation, et dont le dévouement ne se démentit jamais, entouré de ses frères Louis et Jérôme, qu'il aimait tendrement, il s'éteignit doucement ; et, comme l'homme juste, il aurait vu la mort s'approcher sans regret, si le fantôme de l'exil ne fût venu, jusqu'à ses derniers moments, lacérer son cœur et empoisonner ses derniers adieux. Joseph mourut le 28 juillet à neuf heures du matin, et la nouvelle de sa mort fut un sujet de douleur amère, non-seulement pour sa famille, mais encore pour ceux qui l'avaient connu et qui l'avaient aimé. Et, à ce sujet, il y a une réflexion bien pénible à faire, c'est qu'une absence de vingt-neuf ans hors de sa patrie avait naturellement diminué le nombre de ceux qui s'étaient en France attachés à sa personne, tandis qu'elle avait sans cesse augmenté le nombre de ceux qui à l'étranger avaient pu apprécier ses nobles qualités. De sorte que, triste effet de l'exil! quoique à Paris un sentiment général de regret se soit manifesté, c'est peut-être à Florence, au Etats-Unis, à Londres même que les larmes les plus sincères ont été versées sur la mort du frère de Napoléon!

Disons maintenant quelques mots de son caractère :

Joseph était né pour briller dans les arts de la paix, tandis que le génie de son frère ne se trouvait à l'aise qu'au milieu des événements que la guerre enfante. Dès le jeune âge, cette différence de capacité et d'inclination se manifesta ouvertement. Réuni au collége d'Autun avec son frère, Joseph faisait pour lui les compositions latines et grecques, tandis que Napoléon aidait Joseph dans tous les problèmes de physique et de mathématiques. L'un faisait des vers, tandis que l'autre étudiait Alexandre et César.

Joseph, doué d'une vaste érudition littéraire,

exercé de bonne heure aux combats de la parole, sachant par cœur les plus beaux morceaux des auteurs classiques de France et d'Italie, était fait pour vivre dans un gouvernement constitutionnel où des opinions patriotiques, éloquemment énoncées, l'affabilité des manières, la pureté du caractère, sont les principales qualités qui distinguent les hommes. Quoiqu'il se conduisît toujours avec honneur et habileté dans les différentes circonstances de sa vie, s'il ne brilla pas de tout l'éclat que lui donnaient ses facultés, c'est que, homme de paix, de constitution, de liberté, le hasard le fit naître à une époque de bouleversement qui l'obligea à devenir un des principaux instruments d'une politique de guerre, d'indépendance, de pouvoir absolu. Mais ce qui à nos yeux nous paraît être un des principaux mérites de Joseph, c'est qu'il resta toujours, jusqu'à sa dernière heure, un véritable patriote de 89. La lutte du peuple contre l'ancien régime avait profondément impressionné son âme; et ces impressions de la jeunesse restent toujours quand on leur a dû des années de gloire et de bonheur. Les couronnes de Naples et d'Espagne, qu'il avait successivement portées, n'étaient pour lui que des événements accessoires; l'Empire même n'était à ses yeux qu'un épisode au milieu du grand drame révolutionnaire qui avait remué tout son être et pour lequel il avait conservé toutes ses sympathies. Les adulations, les honneurs, les délices même du pouvoir, dont il avait joui comme tant d'autres, avaient glissé sur lui sans atteindre, sans entamer son cœur; et, sous la pourpre comme sous le manteau de l'exil, l'homme était resté le même, adversaire violent de toute oppression, de tout privilége, de tout abus, avocat passionné de l'égalité et de la liberté des peuples.

Joseph, comme tous les acteurs retirés de la scène, comme tous les hommes qui ont un long passé et un court avenir, aimait à rappeler les événements dont il avait été témoin, et les épisodes qu'il racontait avec charme émouvaient par leur touchante simplicité ou par leur palpitant intérêt.

Il rappelait avec plaisir l'origine plébéienne, et la pauvreté de cette famille qui devait compter tant de rois parmi ses membres. Un jour, il racontait que son frère Louis, pour lequel il avait eu, dès l'enfance, tous les soins et la tendresse d'un père, devait partir de Marseille pour aller faire ses études à Paris: Joseph le conduisit jusqu'à la diligence, et, au moment de le quitter, s'aperçut qu'il faisait froid, et que son frère n'avait point de manteau. Alors n'ayant pas les moyens de lui en acheter un ; mais ne voulant pas cependant exposer son jeune frère à l'intempérie de l'air, il se dépouilla de son propre vêtement et en vêtit Louis au moment du départ. Cette action qu'ils se rappelèrent mutuellement alors qu'ils étaient rois, était toujours restée gravée dans leur cœur comme un tendre souvenir de leur constante intimité.

Une autre fois Joseph racontait un incident qu'un hasard fit manquer et dont le succès eût changé complétement la destinée de l'Empereur et le sort de la France. C'était en 94 ; le général Bonaparte avait été dénoncé au tribunal révolutionnaire, et mis en état d'arrestation à Nice. Joseph, craignant pour ses jours, s'entendit avec Junot, et forma avec celui-ci un projet d'évasion. Le jour était fixé, la barque qui devait déposer le général Bonaparte en Piémont était prête, lorsqu'une réflexion soudaine passant par la tête de Junot vint faire échouer tout le complot : « Dé-« livrer Bonaparte, dit Junot, le mettre en sû-« reté, rien de mieux, car je hasarderais dans ce « but mon existence ; mais si nous passons à l'é-« tranger, ne serons-nous pas considérés comme « *émigrés* ? » A ce mot d'émigrés, ils se regardèrent consternés, car jusqu'alors ils n'avaient pas réfléchi à toutes les conséquences de leurs démarches; et comme aux yeux de soldats républicains la mort était préférable à la honte d'être considérés comme émigrés, ils abandonnèrent à l'instant même leur projet, et Napoléon resta.

Lorsque Joseph, plénipotentiaire de la République française s'acheminait avec ses collègues vers Amiens pour conclure, en 1802, la paix avec l'Angleterre, ils étaient, disait-il, très-occupés durant la route, du cérémonial à observer vis-à-vis les diplomates anglais. Dans l'intérêt de leur mission, ils désiraient ne point manquer aux convenances. Cependant, représentant d'un État républicain, ils ne voulaient pas montrer trop de prévenance envers les grands seigneurs anglais qui venaient traiter avec eux. Les mandataires français étaient donc très-embarrassés de savoir à qui il appartenait de faire la première visite. Jeunes encore, ils ignoraient que les diplomates étrangers cachent toujours l'inflexibilité de leur politique sous la souplesse des formes. Aussi furent-ils promptement tirés d'embarras; car, à leur grand étonnement, ils trouvèrent, dès leur arrivée à Amiens, lord Cornwallis qui les attendait sur le seuil de la porte de l'hôtel, et qui, sans autre forme de cérémonie, leur ouvrit lui-même la portière de la voiture et leur donna une cordiale poignée de main.

Le roi Joseph racontait ainsi une foule d'anecdotes intéressantes qu'on trouvera à leur place dans les Mémoires qu'il a laissés. Nous nous bornerons à rapporter, d'après lui, une parole de l'Empereur, qui a d'autant plus d'intérêt qu'elle explique, en quelque sorte, pourquoi les hommes qui nous gouvernent depuis 1830, malgré leur distinction personnelle, n'ont rien produit. L'Empereur disait donc un jour à son frère : « T*** a infiniment d'esprit, n'est-ce pas ? eh bien ! sais-tu, Joseph, pourquoi il ne fera jamais rien de grand ? c'est que les grandes pensées ne viennent que du cœur, et T*** n'en a pas ! »

Quoique la bonté et la douceur fussent la base du caractère de Joseph, il s'emportait souvent avec violence lorsqu'on touchait quelques-unes de ces cordes sensibles dont la vibration rappelait dans son cœur les malheurs de son frère, ou ceux de la patrie. Il y avait deux sujets surtout qu'il ne pouvait aborder avec calme : Sainte-Hélène et la politique du gouvernement français depuis 1830. Le souvenir déchirant de l'agonie de son frère arrachait sans cesse des paroles de feu de sa bouche, des larmes brûlantes de ses yeux, et la politique si peu énergique du gouvernement français depuis 1830, sa conduite si peu généreuse envers les Bonaparte excitaient en lui un courroux qu'il n'était pas facile d'apaiser. Il était permis à ce vénérable vieillard, d'un patriotisme si éprouvé, témoin de si grandes choses, d'accuser la France d'ingratitude et son gouvernement de faiblesse.

Nous avons passé rapidement en revue les principaux traits de la vie du roi Joseph. On a pu voir que si sa participation aux événements qui ont illustré la République et l'Empire s'efface à côté de l'immense figure de son frère, elle s'efface non à cause de l'insignifiance de ses efforts, mais parce que tout paraît petit à côté d'un géant. Car si aujourd'hui il existait parmi nous un homme qui, député, diplomate, roi, citoyen ou soldat, se fût constamment distingué par son patriotisme et ses brillantes qualités ; si cet homme pouvait se glorifier de ses triomphes oratoires et de traités avantageusement conclus pour les intérêts de la France ; si cet homme eût refusé une couronne parce que les conditions qu'on lui imposait blessaient sa conscience ; si cet homme eût conquis un royaume, gagné des batailles et porté sur deux trônes le flambeau des idées françaises ; si enfin, dans la bonne comme dans la mauvaise fortune, il fût toujours resté fidèle à ses serments, à sa patrie, à ses amis : cet homme, disons-nous, occuperait le plus haut point dans l'estime publique ; on lui élèverait des statues, et des couronnes civiques viendraient orner ses cheveux blancs. Eh bien ! cet homme existait naguère avec tous ces glorieux, avec tous ces honorables antécédents ; cependant, sur son front on ne voyait que l'empreinte du malheur. La patrie avait reconnu ses nobles services par un exil de vingt-neuf ans !

Nous en gémissons sans nous en étonner : il n'y a que deux partis en France : les vaincus et les vainqueurs de Waterloo ; les vainqueurs sont au pouvoir, et tout ce qui est national porte encore le poids de la défaite.

A une époque où l'on condamne comme un crime tous les sentiments généreux et patriotiques, à une époque où notre drapeau recule partout devant les exigences étrangères ; où, pour ne signaler qu'un fait, l'on donne la grande croix de la Légion d'honneur au duc de Baylen, à l'homme qui fit passer nos troupes sous les fourches caudines, et qui envoya vingt mille Français mourir sur les pontons anglais ; à cette époque-là, disons-nous, il est naturel, il est logique même que les parents de Napoléon languissent dans les prisons ou meurent dans l'exil.

NAPOLÉON-LOUIS BONAPARTE.

FIN DU TOME DEUXIÈME.

# TABLE DES MATIÈRES

|  | Pages. |
|---|---|
| Fragments historiques | 5 |
| Pièces à l'appui | 109 |
| Analyse des questions des sucres | 115 |
| État comparé de la culture des colonies | 130 |
| Nombre de fabriques et culture de la betterave en 1840 | 146 |
| Sucres. — Tableau A | 247 |
| Mouvement de la navigation avec les quatre colonies à sucre et navigation générale. — Tableau B | 248 |
| Valeur du commerce de la France avec ses quatre colonies à sucre. — Tableau C | 249 |
| Extinction du paupérisme | 251 |
| Quelques mots sur Joseph-Napoléon Bonaparte | 305 |

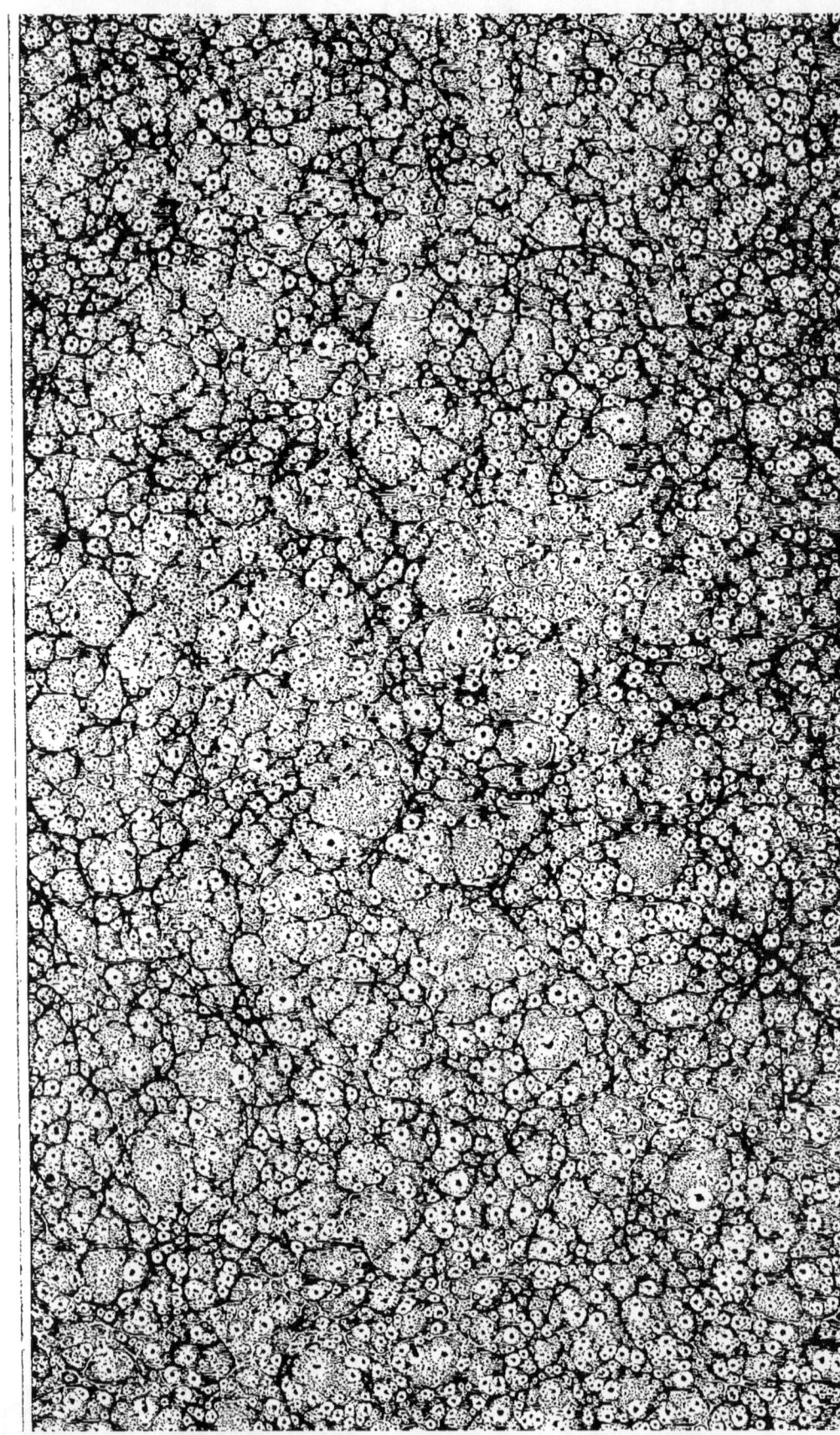

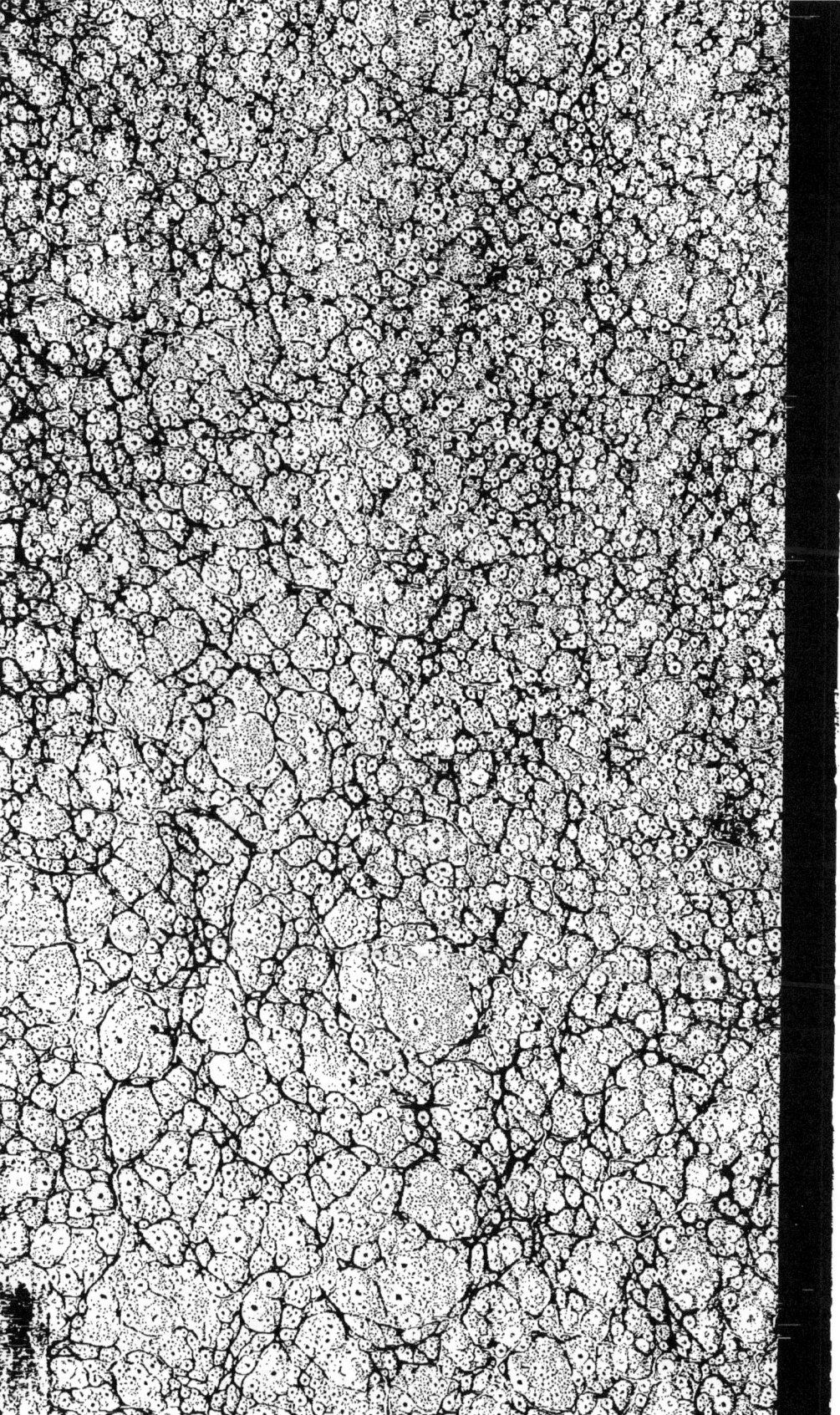

www.ingramcontent.com/pod-product-compliance
Lightning Source LLC
Chambersburg PA
CBHW070853170426
43202CB00012B/2056